Loreno Lorenzon

Dalla cosmologia e antropologia teologica all'etica della vita

Loreno Lorenzon

Dalla cosmologia e antropologia teologica all'etica della vita

Per un'elaborazione di un'etica per la vita

Edizioni Sant'Antonio

Imprint

Cover image: Fornito dall'autore

Publisher:
Edizioni Accademiche Italiane
is a trademark of
Dodo Books Indian Ocean Ltd., member of the OmniScriptum S.R.L Publishing group
str. A.Russo 15, of. 61, Chisinau-2068, Republic of Moldova Europe
Printed at: see last page
ISBN: 978-613-8-39403-7

Introduzione

Per l'uomo credente del passato dire che Dio è l'inizio della vita[1] non poneva grandi quesiti e problemi ma, per l'uomo moderno e secolarizzato[2] è avvenuta una trasformazione, che mina le basi stesse sull'origine delle cose, perché è l'uomo che ora pone da sé il valore della vita in tutte le sue declinazioni[3].
Si è passati da un concetto di vita del cosmo[4], come spazio armonico in sé perfettamente delimitato e concluso, ad una visione della vita del cosmo come natura[5] traducibile in laboratorio, realtà che si può geometrizzare e algebrizzare in termini quantitativi e misurabili, grazie ad un processo di idealizzazione[6].

---

[1] Ries J., *Il rapporto uomo-Dio nelle grandi religioni precristiane,* Jaca Book, Milano 1992², 9-20.

[2] "Anche laddove parli di cosmologia, oggi la teologia sa bene di poterlo fare appunto solo teologicamente, come tentativo di pensare la relazione che Dio intrattiene col mondo – ben più che la presenza o l'assenza di particolari configurazioni fisiche. E' un movimento di spogliamento, in fondo con quello determinato da Lutero e dalla sua vigorosa rivendicazione del solus Christus, che rifiuta ogni teologia naturale, che pretenda di usare il mondo come scala per ascendere a Dio." Morandini S. *I cieli nuovi e la terra nuova,* in *StEc* 16 (1998) 374-375. La sigla StEc corrisponde alla rivista Studi Ecumenici.

[3] Searle J.R., *Mente, linguaggio,società,* Cortina Editore, Milano 2000, 1-41. Gilson É., *Il realismo. Metodo della filosofia,* Editrice Leonardo da Vinci, Roma 2008, 45-60.

[4] Quando parlo del concetto della vita del cosmo o vita cosmologica intendo il cosmo in quanto tale perchè il cosmo si dà come vita, nella declinazione di natura o in quella di creazione.

[5] Per natura s'intende qui "qualcosa d'ultimo. Non si può risalire più a monte di essa. Tutto ciò che viene dedotto immediatamente da essa, è considerato definitivo. Appena è possibile fondare qualsiasi cosa come naturale, è già giustificata. Non appena subentra la coscienza del secondo 'natura', la questione non esiste più. Ma non si pretende affatto con questo di capire in tutto la natura. Al contrario: essa è sentita come qualcosa di così profondo e di così ricco, che il pensiero che la pensa non viene mai ad una fine. Essa è creativa; non si può quindi catturarla in un sistema. Essa è piena di mistero, e non ammette 'che le si tolga il velo'. E' piena di mistero non soltanto nel senso che i suoi problemi sono assai complicati, ma radicalmente: perché porta il carattere misterioso del principio e della fine, del fondamento originario, dell'essenzialmente impenetrabile. Proprio per questo essa rappresenta quell'ultimo a cui si possa ancora porre una domanda. Fin quando essa risponde, la risposta è definitiva, perché è 'naturale', cioè evidente per sé, e perché, essendo risposta che viene dalla natura, viene dai fondamenti originari". Guardini R., *Mondo e persona,* Morcelliana, Brescia 2000, 26.

[6] In quanto "la scienza trae le proprie origini dalla filosofia greca, dalla scoperta dell'idea e della scienza esatta determinabile mediante idee. Essa porta all'elaborazione di una matematica pura come pura scienza ideale, in quanto scienza di oggetti possibili in generale, determinati per mezzo di idee.(...) Questa matematica pura ha a che fare con i corpi e col mondo corporeo in una mera astrazione, cioè soltanto con le forme astratte nella spazio-temporalità e, oltretutto, soltanto in quanto esse sono forme-limite puramente «ideali». Ma concretamente le forme empiriche reali o possibili ci sono date, dapprima, nell'intuizione sensibile, soltanto come «forme» di una «materia», di un plenum (Fülle) sensibile; cioè con ciò che si rappresenta nelle cosiddette qualità specifiche di senso, colore, suono, odore e simili, e secondo peculiari gradualità. (...) e ciò riconduce alla misurazione dei plena. (...) Devono esistere metodi di misura per tutto ciò che la geometria e la matematica delle forme comprendono nella loro idealità e nel loro a-priori. L'intiero mondo concreto deve mostrarsi matematizzabile-obiettivo, purché si risalga alle singole esperienze, e si misuri realmente tutto ciò che di esse si deve presupporre subordinato alla geometria applicata, se si elaborano cioè adeguati metodi di misura." Husserl E., *La Crisi delle scienze europee e la fenomenologia trascendentale,* Saggiatore, Milano 1960, 297, 59, 67. Bernet R.-Kern I.-Marbach E., *Edmund Husserl,* Il

Si è giunti a riconoscere una nuova modalità di intendere la vita come natura in senso biologistico con la scoperta del codice genetico, *la natura in quanto codice*, secondo un paradigma di omologazione tra soggetto e oggetto in cui "il soggetto indagante e sperimentante è informato da un codice esattamente come l'oggetto dell'indagine e della sperimentazione. Confina con esso nel senso della condivisione piuttosto che dell'estraneità e della separazione. Il limite si pone nel senso che nessuno può osservare il codice in base al quale osserva"[7].
Siamo in presenza, allora, di *una concezione post-umana della vita*[8], che corrisponde ad una una visione riduzionistica dell'uomo, prospettiva che "percorre in qualche modo tutta la storia del pensiero"[9], associata, ora, allo sviluppo tecnoscientifico.
Per riuscire a cogliere questa modalità di intendere la vita nella sua valenza post-umana, idea che sostanzia in modo precipuo l'oggi bioetico, iniziamo a descrivere la vita del cosmo, secondo le categorie di natura e di creazione, e poi la vita dell'uomo, proprio per esplicitare i principali riferimenti ermeneutici per la comprensione dell'etica della vita.

Mulino, Bologna 1992, 279-292. Wetz F.J., *Husserl,* Il Mulino, Bologna 2003, 123-139.
[7] Sanna I., *L'identità aperta. Il cristiano e la questione antropologica*, 155.
[8] La concezione della vita postumana afferma che "il presupposto teorico della visione postumanistica sia la convinzione che l'uomo sia del tutto spiegabile scientificamente, secondo le due direzioni della scienza che si potenziano reciprocamente nel loro ibridarsi: la neurobiologia e l'intelligenza artificiale." Farisco M., *Uomo, natura, tecnica. Il modello postumanistico,* Edizioni Ziqqurat, Roma 2008, 62. Siegel D. J., *La mente relazionale. Neurobiologia dell'esperienza interpersonale,* Cortina Editore, Milano 2001, 159-234.
[9] Faggioni M.P., *La sfida del riduzionismo tecnoscientifico al progetto uomo*, in *Studia Moralia* 38 (2000) 441.

Primo capitolo

La vita del cosmo

La vita ordinata del cosmo, come un tutto vitale, può avere il proprio fondamento esplicativo o in una realtà che la oltrepassa in quanto tale, o può trovare la sua causalità immanente nella natura stessa delle cose. Si parla, allora, di creazione se questo ordine è spiegato da Dio, quale riferimento trascendente, e, di natura, se esso è colto e interpretato in senso immanentistico[10]. Cogliere la vita del cosmo nelle coordinate teoretiche di creazione o di natura vuol dire, perciò, porre lo sguardo su due modalità interpretative che si rivelano, contraddittorie e antitetiche, anche se nel corso della storia teologica la fede cristiana ha cercato di armonizzarle, rispettandone le loro peculiarietà[11].
Ciononostante, l'idea della vita del cosmo, intesa in senso immanentistico, ha portato ai margini l'idea della vita come creazione in senso religioso[12], esaltando, in pari tempo, la spiegazione della vita del cosmo secondo il significato di razionalizzazione scientifica.
E' importante perciò approfondire la concezione della vita cosmologica, in rapporto alla cultura ellenistica e biblica, per evidenziarne i criteri ermeneutici che caratterizzano la tradizione teologica occidentale e quella orientale.

1. La vita del cosmo come natura

Quando parliamo della vita del cosmo tra natura e creazione di solito abbiamo in mente concetti che traducono questa vita come realtà intesa olisticamente[13]. Se analizzassimo più in profondità tali significati troveremo che il senso del cosmo è inteso come vita dell'universo, senza caos, secondo modalità d'attuazione del proprio essere e divenire nello spazio e nel tempo in modo

---

[10] Oldroyd D., *Storia della filosofia della scienza. Da Platone a Popper e oltre*, Saggiatore Net, Milano 2002, 65-69.

[11] Tanzella Nitti G., *Teologia e scienza: le ragioni di un dialogo,* Paoline, Milano 2003, 35-73 Scola A., Marengo G., López J.P., *La persona umana: antropologia teologica,* Jaca Book, Milano 2006, 126-134. Brambilla F.G., *Antropologia teologica,* in Canobbio G.-Coda P. (edd.), *La teologia del xx secolo. 2. Prospettive sistematiche,* Città Nuova, Roma 2003, 207-218.

[12] Per la teologia "è la crisi di un'immagine stabile ed unitaria, in cui il Dio cui essa si riferiva era contemporaneamente il centro di un cosmo ordinato e a lui finalizzato." Morandini S., *I cieli nuovi e la terra nuova,* in *StEc* 16(1998) 374.

[13] Cosmo, natura, creazione sono termini che intendono definire da punti di vista diversi la realtà nel suo insieme. Bonora A., *Cosmo* in *Nuovo Dizionario di Teologia Biblica*, Paoline, Roma 1988² 322-340. Ward K., *Cosmos and Kenosis* in AAVV, *The Work of Love, Creation as Kenosis*, Eerdmans, Grand Rapids, Michigan 2001, 152-166.

logico e ordinato. Nella visione ellenistica[14] il termine kosmos esplicita l'idea dell'universo, sottratto al caos e dotato di un qualche ordine[15].
La visione della vita che si rifà all'interpretazione di *natura*, la coglie nel *cosmo* anch'essa come *un tutto ordinato e logico*. Essa si riflette nella dimensione originaria della natura di ogni cosa che l'uomo può raggiungere razionalmente, perché il mondo ideale, quello delle idee come dato di natura o essenze delle cose, coincide con il mondo reale delle cose. S'identifica, quindi, con la concezione di natura, ripresa dal pensiero moderno della filosofia della natura galileiana nelle sue coordinate platonica e archimedea[16]. L'universo, cioè, è presentato come *un dato sinfonico, retto da principi immanenti di tipo causale*[17]. Si dà come mondo in sé determinato, dove non sussiste un termine che lo superi. La natura è una realtà specificata da leggi causali immanenti, che possono essere rivelate ed esplorate.
Questa natura può essere trasformata in ordine alla capacità gnoseologica di tipo induttivo, secondo un procedimento prettamente scientifico[18]. In questo processo di razionalizzazione scientifica si deve osservare che, nell'ambito culturale ellenistico, si sviluppa la concezione della vita nel cosmo in ordine ad un mondo in sé intelligibile, trascendente rispetto a quello materiale, anzi il mondo reale è tale, in quanto è ombra di quello ideale. E' questo il processo con cui avviene l'idealizzazione platonizzante del concetto della vita come cosmo[19]. Tale interpretazione della vita ha trovato eco nella riflessione patristica, tendente anche ad una svalutazione del mondo dei sensi.
Influsso che è proseguito nel tempo, perché questa concezione, la cosiddetta *platonizzazione della vita cosmologica*, riusciva a porre insieme una certa

---

[14] Per visione ellenistica non intendo un particolare periodo della storia della filosofia greca (Abbagnano N., *Filosofia ellenistica* in *Dizionario di Filosofia,* Utet, Torino 1984, 283) ma quel processo di pensiero derivante dalla cultura filosofica ellenistica che ho chiamato, per la natura, platonizzazione della vita cosmologica, concezione che sarà assunta dal pensiero filosofico moderno. (Husserl E., *La Crisi delle scienze europee e la fenomenologia trascendentale,* Saggiatore, Milano 1960, 297-359).

[15] "Secondo la concezione greca, il mondo non è dominato da leggi prestabilite e ad esso imposte da un intelletto divino o umano, ma, in quanto cosmo, risulta in sé e per sé in ordine, ben ordinato. In quanto ordine del mondo, il cosmo è «buono» e «bello» - persino «la cosa migliore» e «più bella tra le cose che sono state generate». Löwith K., *Dio, uomo e mondo nella metafisica da Cartesio a Nietzsche,* Donzelli, Roma 2000, 7.

[16] Galilei G., *Dialogo sopra i due massimi sistemi*, a cura di L. Sosio, Einaudi, Milano 1970, 33-47; 230-236. Dollo C., *L'egemonia dell' archimedismo in Galilei,* Rubbettino, Saveria Mannelli (CZ) 2003, 63-86.

[17] Oldroyd D., *Storia della filosofia della scienza. Da Platone a Popper e oltre*, Saggiatore Net, Milano 2002, 77-79.

[18] "Dal mondo dei «fatti» osservati (fenomeni o dati) si ascende per induzione a «principi» scientifici, e da questi principi si procede, inversamente, a fare deduzioni ad altri «fatti», che possono essere controllati sperimentalmente, così che l'intera «struttura» consegue una certa forza e sicurezza." Oldroyd D., *Storia della filosofia della scienza. Da Platone a Popper e oltre*, Saggiatore Net, Milano 2002, 476.

[19] Oldroyd D., *Storia della filosofia della scienza. Da Platone a Popper e oltre*, Saggiatore Net, Milano 2002, 9-22.

significatività del mondo creato e, nello stesso tempo, una diffidente sfiducia nei suoi confronti, come via alla relazione con Dio. I padri alessandrini, per esempio, condizionati dallo schema neoplatonico, colgono la realtà della vita nel cosmo, quale dinamica di un processo di degradazione dall'uno. Cercano di tematizzare in modo cristiano la gnosi ma, inevitabilmente, pongono la vita del cosmo su di un orizzonte di contrasto tra realtà intelligibile rispetto a quella sensibile[20].

Possiamo dire quindi che il senso della *vita del cosmo nella prospettiva di natura*, quale principio immanente della realtà, si declina come autonomia e autosufficienza da qualsiasi causalità che la trascenda, giacché la natura *ha in se stessa il proprio essere e la propria esplicitazione* della vita.

2. La vita del cosmo come creazione di Dio nella prospettiva biblica

L'interpretazione della concezione del cosmo come creato[21], invece, è di significato religioso, in quanto la vita del cosmo ha come punto di riferimento la relazione con Dio. Secondo la prospettiva biblica della creazione[22], la vita appare nel cosmo come vita di un tutto ordinato e sapientemente prodotto dalla Parola di Dio, che la sostiene nel suo essere e divenire nel tempo, grazie al suo amore creante e provvidente tutta la realtà. *Nella Bibbia* la vita del cosmo si

---

[20] Ivaldo M., *Storia della filosofia morale*, ed. Riuniti, Roma 2006, 46-49. Sanna I., *Appunti di antropologia*, 19-49. Se andiamo ad approfondire ciò che i padri alessandrini hanno cercato di cristianizzare, vediamo che "il contrasto assoluto tra spirito e materia, caratteristica prima degli gnostici, era ignoto al mondo antico precedente. Per quanto riguarda la cosmologia, il mondo greco del periodo arcaico e classico era stato un mondo di ordine e bellezza (...) e anche nella visione dell'Antico Testamento, la creazione fu interpretata come magnifica, armonica e ordinata secondo misura, calcolo e peso. (...) E' pur vero che nella filosofia greca, già a partire da Platone, il rapporto armonico tra materia e spirito era stato spostato in modo evidente a favore del mondo spirituale delle idee, ma non vi era ancora una visione anticosmica né tanto meno un'avversione nei confronti del corpo. Soltanto l'immagine dell'uomo e del mondo propria del sincretismo ellenistico-orientale, con il suo taglio prevalentemente spiritualistico e sempre più affollata da elementi magici e mistici era affine allo gnosticismo. (...) Gli gnostici hanno sviluppato dunque una mitologia antimaterialista e di conseguenza anticosmica, su basi ampiamente cristiane, ma non senza influssi pagani e del tardo ebraismo, che aveva un atteggiamento ostile nei confronti dell'universo visibile e del suo creatore." Ladner G.B., *Il simbolismo paleocristiano. Dio, cosmo, uomo,* Jaca Book, Milano 2008, 89-90.

[21] "Il messaggio della rivelazione ebraico-cristiana concernente il cosmo, mi sembra potersi ricondurre a tre asserti fondamentali, il primo dei quali concerne la figura del cosmo non mitico, il secondo la necessità di affermare un'alterità non dualistica e il terzo quella di pensare il legame creaturale nella triplice dimensione di creazione originaria – continua – escatologica." Lorizio G., *Teologia della rivelazione ed elementi di cristologia fondamentale,* in Lorizio G. (a cura di), *Teologia fondamentale. Fondamenti,2,* Città Nuova, Roma 2005, 56-57.

[22] Si pone perciò come "un evento, un agire incessante, continuo di Dio che sostiene e fa vivere ogni cosa. Più che di 'cosmo' si dovrebbe parlare di 'creazione'. Bonora A., *Cosmo* in *Nuovo Dizionario di Teologia Biblica*, Paoline, Roma 1988[2],325. Colombo G., *Creazione,* in *Nuovo Dizionario di teologia,* Paoline, Alba 1985[4], 352-379; Colzani G., *Creazione,* in *Dizionario teologico interdisciplinare,* vol.I, Marietti, Torino 1977, 601-605.

presenta come una realtà totale insieme all'umanità. La parola biblica non guarda la vita cosmologica come un insieme ordinato di sole cose, limitato in se stesso ma è creata per l'uomo. Tutta *la vita cosmologica è in funzione della vita umana*[23].

L'interesse biblico non tende ad esplicitare il come dell'origine vitale ma, è teso piuttosto, ad intuirne il senso in ordine alla vita di relazione tra Dio e l'uomo. Il dato creativo in Gen. 1,1 non si presenta come una 'poiesis' tecnicizzante ma, si pone come un'azione coinvolgente il soggetto e la sua progettualità intenzionale. Dio, cioè, crea la vita nel cosmo in proiezione della vita umana, in quanto la vita del cosmo, creata da Dio, è per il bene e la realizzazione dell'uomo[24]. *Nella concezione biblica la vita del cosmo non era letta come rivelazione di Dio in quanto forza intrinseca al cosmo ma, Dio si colloca come termine di trascendenza.* Dio è colui che crea e assicura la stabilità e la sussistenza della vita del cosmo creato[25], la quale è raccontata e annunciata dai cieli e dagli astri come gloria di Dio creatore: "I cieli narrano la gloria di Dio e il firmamento annuncia l'opera delle sue mani"[26].

In tale processo il cosmo si manifesta come vita per l'uomo, dove la terra è luogo di attuazione della vocazione umana nei confronti di Dio: "I cieli sono i cieli del Signore ma la terra l'ha data ai figli dell'uomo"[27]. In tal senso nella Bibbia la vita del cosmo non è mai disgiunta dalla vita dell'uomo, perché Dio non crea semplicemente per dar la vita al cosmo ma, per realizzare una relazione vitale di amicizia con l'uomo[28]. La realtà della vita del cosmo nella Bibbia non viene tratteggiata, pertanto, secondo un'ottica immanentistica del concetto di natura ma, all'interno di una dinamica coinvolgente la storia, che è una storia di salvezza sia per la vita del cosmo stesso sia per la vita dell'uomo

---

[23] "La prospettiva biblica sul cosmo è precisamente quella del senso e del valore del cosmo per l'uomo. L'uomo credente della Bibbia non si considera 'padrone del mondo', bensì si autocomprende come custode del mondo quale realtà dotata di senso perché data dall'Assoluto e a lui aperta." Bonora A., *Cosmo* in *Nuovo Dizionario di Teologia Biblica*, Paoline, Roma 1988², 322.

[24] "La Bibbia non si interroga sull'origine assoluta del mondo, ma piuttosto sul rapporto uomo-mondo, sulla salvezza di Dio e il ruolo del mondo, sulla presenza e azione di Dio nel mondo (...). L'ordine cosmico è connesso con l'ordine morale e sociale." Bonora A., *Cosmo* in *Nuovo Dizionario di Teologia Biblica*, Paoline, Roma 1988², 327.

[25] "La vita variegata e molteplice che si srotola davanti agli occhi del salmista non è un meccanismo né un libro scritto in un lontano passato immobile, ma è scritta al presente da Dio. Il cosmo è quindi contemplato come una continuità di vita che si rinnova e rinasce: non c'è un giorno uguale all'altro!" Bonora A., *Cosmo* in *Nuovo Dizionario di Teologia Biblica*, Paoline, Roma 1988², 328.

[26] Sal. 19,2.

[27] Sal. 115,16.

[28] "L'uomo, essendo creato a immagine e somiglianza di Dio, può entrare in relazione con lui, è partner di Dio. Anzi l'uomo è stato creato per questa relazione libera e totalizzante." Borgonovo G.-Gironi P., *Il mondo della Bibbia*, Paoline, Milano 2006, 11.

creato[29]. La Bibbia non conosce l'idea della vita del cosmo come dissociata dall'azione creativa vitale di Dio, né quella del dato materiale in antitesi con quello dello spirito, come se questi fosse rinchiuso nella materia. *La vita del cosmo è dipendente in modo totale e radicale dalla vita di Dio*, dalla sua volontà creativa. Infatti, la vita dell'uomo sussiste in quanto relazionata alla vita di Dio[30] e contemporaneamente è posta su di un piano di assoluta alterità, in quanto "Dio è assolutamente trascendente, tuttavia non è né lontano né assente"[31].

3. La vita del cosmo tra declinazione biblica ed ellenistica

L'uomo biblico non conosce il senso di svalutazione della vita del cosmo, caratteristico della prospettiva dualistica della filosofia greca[32]. Nella Bibbia il fatto che la vita dell'uomo sia limitata nel suo essere e agire non è interpretata come un dato di negatività ma, quale segno di necessaria dipendenza dalla vita creativa di Dio. Lo spirito dell'uomo non è imprigionato dal corpo, anzi, il *corpo è testificazione significativa dello spirito dell'uomo*[33].

Se per l'uomo ellenistico, il divenire delle cose nella loro molteplicità è frutto di un processo di decadimento[34]; per quello biblico è espressione vitale della benedizione di Dio creatore e provvidente in quanto "Dio è colui che fa vivere e dona la benedizione agli esseri creati, cioè l'energia vitale che rende capaci di far continuare la vita. Il cosmo è pieno di vita. E benedizione significa 'energia di procreare'. Dio benedice gli esseri viventi (Gen 1,22), così come benedice l'uomo e la donna"[35]. La vita del cosmo è reale per l'uomo greco

[29] "Dio crea e salva, ma è lo stesso Dio che agisce nel cosmo e nella storia. La creazione non è soltanto il teatro della storia salvifica, ma è essa stessa compenetrata dall'azione salvifica di Dio. L'autocomunicazione di Dio, che è la salvezza, avviene non solo nella storia, ma già intima al mondo concreto. Si può allora parlare di una 'salvezza universale' che Dio offre a tutti gli uomini attraverso il suo atto creatore, che salva dal caos il cosmo intero." Bonora A., *Cosmo* in *Nuovo Dizionario di Teologia Biblica*, Paoline, Roma 1988[2], 329.

[30] Nel senso che l'uomo coglie la verità della sua vita "quando accetta e riconosce la sua creaturale finitezza e dipendenza dal Creatore." Barbaglio G., *Uomo,* in *Nuovo Dizionario di Teologia Biblica*, Paoline, Roma 1988[2], 1597.

[31] Bonora A., *Cosmo* in *Nuovo Dizionario di Teologia Biblica*, Paoline, Roma 1988[2], 324.

[32] Il dualismo greco che si riflette nella vita del cosmo può essere colto come "un dualismo cosmico, che considera tutta la natura delle cose come costituita dall'incontro e dall'interazione di due principi opposti." De Vogel C.J., *Ripensando Platone e il platonismo,* Vita e Pensiero, Milano 1990, 231

[33] Il corpo nella Bibbia è colto "come segno della persona e come primario mezzo espressivo dell'interiorità umana.." Cavedo R., *Corporeità,* in *Nuovo Dizionario di Teologia Biblica*, Paoline, Roma 1988[2], 315.

[34] L'origine di questo concetto ellenistico proviene "dall'antico materiale mitico contenuto in Esiodo relativo alla degradazione del dio Crono, ampliato ed integrato nella tradizione orfica con la storia della successiva degradazione dei Titani in seguito al loro tentativo di divorare Dionisio." Bos A.P., *Teologia cosmica e metacosmica,* Vita e Pensiero, Milano 1991, 147.

[35] Bonora A., *Cosmo* in *Nuovo Dizionario di Teologia Biblica*, Paoline, Roma 1988[2], 327. "Alla base della concezione biblica del dono divino c'è la visione della persona umana così come è stata creata da Dio. Essa non è mai un essere isolato, autonomo, svincolato da tutto e da tutti, ma si trova in un rapporto radicale ed

perché è segno[36]; mentre per l'uomo biblico essa è automanifestazione della presenza di senso che la Parola di Dio provoca. Il processo della vita del cosmo quale partecipazione, la cosiddetta metessi-mimesi platonica[37], che si svolge come gradualità di degradazione, di decadimento rispetto alla forma ideale originaria, nella visione biblica si esplicita come vocazione all'essere, sviluppo di promozione, modalità che, anche se limitata dalla materialità sensibile, trasmette il senso della vita divina[38]. La differenza della vita cosmologica tra l'ermeneutica platonizzante e quella biblica è che l'ellenistica pone la significatività della persona, cosa e evento come mero richiamo al trascendente in quanto logos[39]; mentre la biblica legge nella vita reale della persona, cosa ed evento, storicamente date, il manifestarsi dell'azione della vita di Dio nel mondo.
Sia l'uomo biblico sia l'uomo greco va a Dio partendo dalla vita del cosmo però, quello *biblico non schiva il contatto con la materialità della vita* ma, è proprio dentro e attraverso tale passaggio relazionale che intuisce in esso la presenza vitale di Dio[40]. L'amore per la vita del cosmo in senso platonico è

essenziale con Dio e con la comunità dei fratelli. Con la creazione, cioè con la presenza dell'uomo e della donna, la convivenza è già implicitamente richiesta e determinata dall'esistenza." Witaszek G., *La creazione ad immagine. Ermeneutica del dono divino e dell'impegno umano nella prospettiva profetica*, in *Studia Moralia* 48/1 (2010) 7.

[36] Se andiamo a leggere il dialogo del Cratilo (432 c-434 b) di Platone dove si cerca il senso del linguaggio, il segno "non è qualcosa che sta per sé, esso dipende da ciò di cui è segno, ossia dall'originale. Detto in termini platonici: che sia imitazione, copia, immagine, impronta, rivelazione e così via, il nome dipende sempre dall'idea. Il significante dipende sempre dal significato: che è il suo originale e la sua ragion d'essere, il primum da cui discende tutto il processo di significazione." Cavarero A., *A più voci:filosofia dell'espressione vocale,* Feltrinelli, Milano 2005[2], 68.

[37] Per Platone metessi, partecipazione può darsi come imitazione, mimesi, che è uno di modi con cui si può intendere il rapporto tra le cose sensibili e le idee, di cui parla nel Parmenide. "A me pare che le idee stiano come esemplari nella natura; e che gli altri oggetti somiglino ad esse e ne siano copie; e che questa partecipazione delle cose alle idee non consiste altro che nell'essere immagini di esse" (132d). Un altro modo di cogliere questa partecipazione è quello di presenza dell'idea nella cosa di cui parla nel Fedone. "Nient'altro rende bella una cosa, egli disse, se non la presenza o la partecipazione del bello in sé, quali che siano la via o il modo nei quali presenza o partecipazione abbiano luogo." (100d).

[38] Il concetto di partecipazione di Dio alla vita del cosmo si esplicita come "l'incarnazione del senso dato da Dio con la sua parola creatrice. Ogni cosa è frutto della parola di Dio e perciò portatrice di senso." Bonora A., *Cosmo* in *Nuovo Dizionario di Teologia Biblica*, Paoline, Roma 1988[2], 328.

[39] "Nella filosofia greca il lógos è la legge e la verità di ciò che è: questo il significato che si trasmette da Eraclito a Plotino, (...) immanente e in qualche misura (indecisa e fluttuante) trascendente rispetto al mondo dell'esperienza sensibile: è il riflesso molteplice, nelle realtà sensibili, del lógos uno e spirituale che dà realtà e coesione al kósmos." Coda P., *Dio che dice amore. Lezioni di teologia,* Città Nuova, Roma 2007, 78.

[40] In quanto "Dio agisce e interviene nel cosmo, e i cosiddetti 'fenomeni naturali' sono attribuiti immediatamente a Dio, comprese le catastrofi, come un terremoto, la siccità, un fulmine ecc. Il mondo è sotto il dominio assoluto di Dio, ma non è abitato da immanenti forze divine o demoniache. Non c'è perciò in Israele, L'idea del cosmo nel senso di mondo regolato da leggi eterne, fisse e immutabili. Il mondo è il luogo, sempre aperto, della libera iniziativa salvifica di Dio per l'uomo." Bonora A., *Cosmo* in *Nuovo Dizionario di Teologia Biblica*, Paoline, Roma 1988[2], 328.

interpretato come via per la propria perfezione[41]; mentre quello biblico, è riferito alla presenza di Dio nella realtà della vita del cosmo stessa[42], come realtà, che trova la sua pienezza, all'interno del progetto salvifico di Dio in Cristo. Inoltre, l'effetto di demitizzazione della "natura" che il principio di creazione contiene, distingue Dio dalla sua opera. Questa de-sacralizzazione della natura, quindi, anche della sua dimensione biologica, non è estranea allo sviluppo della scienza moderna, che nasce, di fatto in ambiente cristiano-neoplatonico (sia Galilei che Newton). Da questo punto di vista *la scienza moderna non è incompatibile con la visione cristiana della realtà*; piuttosto affida all'uomo responsabilità specifiche sia in ambito conoscitivo che operativo. Il riferimento ermeneutico al dato dell'incarnazione è paradigma di senso nella lettura biblica della vita del cosmo. La riflessione biblica sulla costituzione della vita del cosmo in Gen.1-2 rivela che l'intervento creativo di Dio non è tanto un semplice produrre la vita del cosmo, quanto un dare ordine in funzione salvifica, che troverà senso definitivo e compiuto nella prospettiva cristologico-redentiva del Nuovo Testamento. Pertanto, *la concezione della vita cosmologica in ottica cristiana rileva la vita come progetto amorevole di Dio, colta nella prospettiva di un orizzonte trascendente, inserita dentro un disegno salvifico*, che la rende così degna di essere vissuta in quanto significativa escatologicamente[43].

4. La vita del cosmo come creazione o natura

Descriviamo ora la vita del cosmo nella relazione tra regno di Dio e regno

---

[41] Per Platone l'idea di perfezione si pone come imitazione del Bene, paragonato al sole, origine della verità, del bello, della conoscenza, e in generale dell'essere nell'uomo e fuori dell'uomo. (Repubblica, 6, 508e-509b). Ora questa idea di perfezione si dà all'interno di tre temporalità che sono quelle del cosmo, della storia e dell'uomo. Infatti "Platone nel Timeo e nel Politico delinea tre temporalità diverse per il cosmo fisico, per il mondo storico e per l'uomo singolo in simmetria con i rispettivi modi d'essere e in modo che imitino nel corso del tempo la perfezione dell'essere che è sempre: il tempo immagine mobile dell'eternità. Mentre la temporalità del cosmo è dominata da regolarità e costanza, stabilita una volta per tutte dal Demiurgo, la temporalità del mondo storico e del mondo individuale è segnata dalla capacità di scelta che introduce un margine di variabilità e contingenza. C'è continuità tra le tre temporalità per il fatto di essere inscritte l'una nell'altra in vista del bene e della perfezione. Per Platone questo cosmo è stato realizzato dal divino artefice in vista del bene. Il bene spiega perché c'è un mondo e perché sia questo e non un altro."Porcheddu R., *Platone, Heidegger e la metafisica,* in Movia G. (a cura di), *Metafisica e antimetafisica,* Vita e Pensiero, Milano 2003, 117-118

[42] Presenza di Dio, colta dall'uomo biblico sapiente perché "soltanto il sapiente che sposa la sapienza conosce realmente il cosmo e ne può godere; solo il giusto-sapiente vive nel cosmo scoprendovi la presenza di Dio, che fa vivere tutto." Bonora A., Cosmo in Nuovo Dizionario di Teologia Biblica, Paoline, Roma 1988², 332.

[43] La vita del cosmo è perciò inserita nel progetto salvifico di Dio, che trova pienezza in Cristo perché "non esiste, nel mondo, nessun elemento e nessuna potenza che sfugga alla signoria di Cristo. Dio ha creato il mondo (cosmo e umanità) in Cristo, che ne è il 'punto di consistenza', il fondamento primordiale e perenne, il senso e la ragione onnicomprensiva, l'alfa e l'omega (Ap 1,8). Soltanto Gesù Cristo è la vera 'misura' del cosmo." Bonora A., *Cosmo* in *Nuovo Dizionario di Teologia Biblica*, Paoline, Roma 1988², 334-335.

dell'uomo all'interno della cultura occidentale, perché sia la concezione della vita del cosmo, visto come creazione, sia quella che la vede nell'ottica di natura si sono tra loro intersecate, nella dinamica teologica tra la costruzione dei due regni, quello di Dio e quello dell'uomo[44]. Da una parte *la prospettiva biblica della vita del cosmo come creato e, dall'altra, quella proveniente dalla cultura ellenistica come natura in sé autonoma, si sono avvicendate nel corso della storia occidentale.*

La visione biblica inerente alla creazione è stata centrale nel periodo dell'antichità e in quello medioevale[45]. Anzi, il dato creazionistico è riuscito in questi periodi culturali a non soccombere all'interpretazione naturalistica platonizzante della vita cosmologica. Invece, la concezione naturalistica della vita del cosmo è stata predominante nella fase moderna della storia della cultura occidentale. Nel corso della storia teologica tra la tradizione occidentale ed orientale non si è riusciti a trovare e a conservare, nel tempo, un'armonia stabile ed equilibrata della vita del cosmo intesa come creazione, tra la dimensione del peccato e quella della grazia.

Nell'ermeneutica teologica delle due tradizioni a rimetterci è stata la categoria della creazione. Se ci soffermiamo sulla cultura occidentale, rileviamo che, per esempio, la concezione luterana della vita del cosmo e del mondo, intesa quale natura decaduta, senza alcuna funzione di mediazione salvifica, in quanto totalmente e radicalmente corrotta e priva così di legame con Dio, porta gradualmente a sostenere *una mentalità in cui Dio si pone fuori della vita*, cioè, verso un'interpretazione secolarizzata della vita del cosmo e dell'uomo[46].

---

[44] Ciò è possibile perché il regno dell'uomo cioè il mondo "non è altro che la realtà creata in quanto si manifesta nell'uomo, perché è nell'esperienza umana che il mondo emerge dall'universo cosmico e l'uomo, davanti al mistero della creazione, ha la possibilità di cogliere la verità metafisica del suo essere creatura." Crociata M., *L'uomo al cospetto di Dio,* Città Nuova, Roma 2004, 183. Panteghini G., *L'uomo alla luce di Cristo,* Edizioni Messaggero, Padova 1991, 57-83 Panteghini G., *Cosmo e storia della salvezza: la creazione tra peccato e* grazia, in *Credere Oggi* 33 (1986) 54-67;

[45] "Per la concezione antica e medievale del cosmo l'universo è una realtà finita, scena del dramma dell'uomo e del suo destino. Un mondo così concepito è retto, delimitato in qualche modo, anche fisicamente, da un Dio provvidente. Basti ricordare la concezione tolemaica dell'universo, che è presente anche nelle opere di Dante, con il suo cielo delle stelle fisse, motore degli altri cieli e confinante con l'Empireo. Il cambiamento dell'immagine del mondo, che si inaugura all'inizio dell'era moderna, per cui l'universo diventa concepibile come spazio infinito in cui si muovono le galassie ed anche la Terra con il sistema solare, provoca conseguenze di portata radicale. L'universo, in questo modo, non ha più un centro. La Terra e Dio non delimitano più, anche fisicamente e immaginativamente, il rapporto dell'uomo con la realtà. L'unico centro pensabile diventa l'interiorità dell'anima umana. Il mondo, come tale, è «terra e pietre», non umano di per sé, ma tale da dover essere umanizzato dal lavoro del sapere e della morale. In tale immagine del mondo l'idea di ordine è sospesa all'impresa di costruzione dello scienziato. Le scienze-fisico-matematiche della natura fanno vedere aspetti e funzionamenti che non sono un caos, ma nessi descrivibili come cause ed effetti. La dignità del sapere è così legata, modernamente, a queste procedure e a questi metodi, pensabili come «scientifici»." Editoriale, *Cosmo e creazione* in *Communio* 100 (1988) 5.

[46] La dimensione secolarizzata della vita nasce dal fatto che se l'uomo è creato a immagine di Dio, "allora,

Non essendo più Dio la fonte della vita del cosmo e dell'uomo, gli uomini penseranno la ricerca scientifica, filosofica e razionale come il centro di riferimento ermeneutico per la comprensione della vita del cosmo e dell'uomo, in quanto datità esclusivamente reali, all'interno della signoria tecnologica[47].

4.1 Tentativo di conciliazione delle due interpretazioni

In Tommaso le due concezioni della vita del cosmo come creazione e come natura sono colte, grazie alle categorie aristoteliche, secondo modalità ermeneutiche di reciprocità. Ciò significa che queste due visioni sono tra loro interconnesse in base al *paradigma di collaborazione tra causa prima e causa seconda*[48]. La rivelazione di Dio, in quanto signoria potente e sapiente, si realizza e si rivela, contemporaneamente in modo compiuto, nell'assegnare agli uomini un loro proprio essere autonomo e responsabile.

L'agire relativo della causa prima, cioè, della vita di Dio in quanto creatore della vita del cosmo e dell'uomo, non si pone in contraddizione con la cause di natura, cioè, con le cause seconde. La concezione della vita del cosmo presente nel Dio creatore cristiano non può nemmeno lontanamente essere assimilata al Dio-Kronos della mitologia greca[49], il quale fagocita i suoi figli. Né può essere avvicinata alla vita del Dio-Uno di origine plotiniana, che richiama le sue emanazioni tanto quanto si sublimano a lui[50].

La vita del cosmo nell'interpretazione del Dio cristiano si manifesta come vita che realizza la vita dell'uomo secondo una dinamica processuale di

---

come Dio ha creato il mondo, così l'uomo, prima per comando di Dio e poi senza Dio, crea il suo mondo, cioè il saeculum, la sua storia." Galimberti U., *Psiche e techne. L'uomo nell'età della tecnica,* Feltrinelli, Milano 2004[3], 290. Però, questa interpretazione secolarizzata della vita del cosmo e dell'uomo deve tener conto del fatto che "se si considerano le cose create, questa terra e questo cielo, si vede che da un capo all'altro la Bibbia non fa che affermare il loro stretto legame, la loro unità di destino con l'uomo. Per la Bibbia il cosmo è un cosmo umano, storico; essa non lo considera mai separato dall'uomo né più né meno come non separa l'uomo dalla sua inserzione e dalla sua azione nella creazione, ma lo pensa sempre legato alla situazione spirituale dell'uomo." Congar Y., *Modernità ed evangelizzazione,*in Straniero G., *Le nuove teologie,* Mondadori, Milano 2002, 118. Dianich S., *Regno di Dio* in *Nuovo Dizionario di Teologia,*1243-1249. Sulle radici bibliche e agostiniane di tale visione si veda più avanti quando si parlerà intorno all'ermeneutica amartiocentrica della vita cosmologica.

[47] Questa signoria tecnologica deriva dal fatto che l'uomo, staccandosi dalla sorgente della sua vita, che è Dio creatore, sviluppa nel tempo moderno un'antropologia in cui, smarrito Dio, pone l'immagine di Dio creatore in se stesso. L'Occidente perciò sviluppa una visione della vita umana "dove l'uomo (…) dimentico di Dio, pone l'uomo, in quanto Deus creatus, al centro del mondo ridotto a materia da utilizzare." Galimberti U., *Psiche e techne. L'uomo nell'età della tecnica,* Feltrinelli, Milano 2004[3], 286.

[48] Tommaso d'Aquino, *Summa teologica,*I, q.44 e q.45, ESD, Bologna 1996, 420-439. "L'azione di Dio si esplica in via ordinaria attraverso l'azione delle cause naturali, dietro le quali sta ovviamente Dio causa prima, ma esattamente al modo di chi ha creato delle realtà con la propria autonomia, e le rispetta nella loro autonomia, cioè conservando, assecondando il gioco dei rapporti (causali, di dipendenza, etc.) che sono loro proprie." Valsecchi A., *Il fine dell'uomo nella teologia di Tommaso d'Aquino,* EPUG, Roma 2003, 175.

[49] Bianchi U., *La religione greca*, Utet, Torino 1975, 65-68.

[50] Ivaldo M., *Storia della filosofia morale*, 42-44

personalizzazione reale. In tale ermeneutica, la vita del cosmo è finalizzata a rendere visibile concretamente l'essere di Dio che la sostiene, quale essere di donazione alle creature da lui create[51]. La vita del cosmo si delinea, perciò, come un processo di gradualità rivelativa della vita stessa di Dio, in quanto fondata su una dinamica di reciprocità e dì compartecipazione. *Nella vita del cosmo l'origine fontale è il rapporto tra la vita di Dio e la vita dell'uomo, perché la creazione della vita del cosmo ha senso proprio in tale rapporto.* Tutto ciò si esplicita nelle modalità della vita dell'uomo come un essere personale, come un tu dinanzi a Dio, che gli dona la sua compiuta realizzazione in ordine alla vita cosmologica.

Secondo le coordinate esistenziali tale relazione si esprime con caratteristiche da una parte, di prossimità nei confronti della vita del cosmo, quale luogo di accoglienza da parte di Dio della vita dell'uomo e, dall'altra, con modalità di libertà e di responsabilità[52], come autonomia nel rapporto tra la vita di Dio e la vita dell'uomo. *Questa autonomia della vita dell'uomo è rispettata da Dio in quanto creatore e amante della vita del cosmo e dell'uomo che si esplica nel mondo*[53]. Addirittura, Dio arriva ad accogliere anche lo scacco e l'insuccesso dei suoi progetti d'amore nei confronti della vita degli uomini, perché "non toglie alle loro azioni di essere volontarie, anzi è proprio lui che le fa essere tali: infatti egli opera in tutte le cose secondo le proprietà di ciascuna"[54].

---

[51] "Poiché l'essere è la realtà più intima e profonda delle cose create, che sola fa di esse quel che sono, Dio deve «essere presente e precisamente in maniera intimissima in tutte le cose». (...) Salvaguardando la differenza di Dio nei confronti del mondo e l'universo con la sua creazione (...), l'uomo rispettoso, vedendo in esse il riflesso di una luce divina, che non le dissolve ma le rende vere per sempre, manifesta anche verso le cose del mondo e verso le altre creature qualcosa di quel rispetto e di quell'amore che originariamente hanno per oggetto il mistero del Dio trino." Schockenhoff E., *Etica della vita. Un compendio teologico,* Queriniana, Brescia 1997, 159.

[52] "La posizione particolare dell'uomo fra tutte le forme viventi della natura poggia sul fatto che egli, in qualità di persona, è l'unico essere capace di assumersi una responsabilità nel cosmo, l'unico essere capace di rispondere delle conseguenze delle propria azione". Schockenhoff E., *Etica della vita. Un compendio teologico,* Queriniana, Brescia 1997, 99.

[53] L'autonomia della vita dell'uomo sgorga dalla stessa autonomia della vita di Dio in quanto atto-azione di libertà-volontà creativa nei confronti della vita cosmologica, intesa come vita del mondo, cioè, si dà come atto in sé intrinsecamente di libertà-volontà della vita di Dio, nel senso che la vita del mondo non si pone come una necessità ma, semplicemente, come atto di libertà-volontà da parte di Dio. Da ciò discende, allora, che la libera autonomia della vita dell'uomo si basa sul fatto che il mondo è "creazione nel senso puro, vale a dire: un'opera chiamata all'essere per mezzo d'una libera azione. (...) In altre parole: il mondo non deve essere per necessità, ma è, perché è stato fatto. L'atto, per cui è stato fatto, non dovette a sua volta compiersi necessariamente, ma si compì perché fu voluto. Poteva anche non essere voluto; ma fu voluto perché fu voluto. Ciò vuol dire: il mondo non è una necessità, ma una realtà frutto di un atto-azione (Tat-Sache). Qui risiede lo specifico della coscienza biblica dell'esistenza: il mondo si fonda sopra un atto. Questo atto non è un prolungamento delle cause efficienti naturali del mondo aldilà dell'inizio del mondo, ma nasce da una libertà perfettamente padrona di se stessa." Guardini R., *Mondo e persona,* Morcelliana , Brescia 2000, 40.

[54] Tommaso d'Aquino, *Somma Teologica* I, 83, 1ad 3,, ESD, Bologna 1996, 744

4.2 Il naturalismo moderno e la rottura del rapporto tra Dio creatore e l'uomo

Questa visione che mette in unità e sintonia la prospettiva della vita del cosmo come creazione e come natura, grazie alle categorie filosofiche del naturalismo aristotelico, resisterà per breve tempo, per poi lasciar spazio all'interpretazione moderna della vita cosmologica, che individuerà nella filosofia della natura aristotelica, sganciata dal Dio creatore cristiano, la cifra esegetica di quella declinazione secolarizzante della vita del cosmo, che abbiamo col *naturalismo moderno*[55].

La vita cosmologica, che prima era vissuta nelle sue coordinate teologiche di creazione e natura come regno di Dio in ordine al regno dell'uomo, ora si rivela, per opera delle conquiste scientifiche e tecnologiche, quale esplicitazione univoca del regno della *vita dell'uomo in opposizione al regno di Dio*. Se prima, la visione religiosa della vita del cosmo chiarificava una dipendenza da parte della vita dell'uomo nei riguardi della vita di Dio, ora, nell'interpretazione della filosofia naturalistica moderna, la vita dell'uomo si presenta come una cultura di potere, di sapere[56], che conosce, sempre più e meglio, la vita cosmologica, a prescindere dalla vita di Dio creatore. Dinanzi a questa mentalità naturalistica moderna la *risposta della teologia* si concentra a elaborare e a declinare un anacronistico e utopistico *soprannaturalismo*[57], che non farà che aumentare l'approccio naturalistico, inteso semplicemente come regno dell'uomo, allontanando la vita dell'uomo dalla vita del cosmo da parte della vita di Dio, quale creatore del suo regno, insieme all'uomo. Tutto ciò avrà effetti deleteri perché separerà sempre più la vita del cosmo e quella

---

[55] Col naturalismo moderno viene ad esplicitarsi una vita cosmologica in cui la vita dell'uomo non si relaziona più alla vita di Dio creatore perché "se l'uomo non è il frutto di un progetto divino, allora egli, con tutta la sua complessità di animalità e razionalità, è un «enigmatico» prodotto della realtà vivente e cosmica della natura. Rispetto alla quale non dovrebbe sentirsi né in «esilio», né coltivare l'illusione che una simile realtà sia per lui. E neppure provare risentimento per ciò che è (homo natura), ovvero rimpianto per ciò che non è più (immagine di Dio)." Franceschelli O., *Karl Löwith. Le sfide della modernità,* Donzelli, Roma 2000, 198

[56] Lévinas, a livello filosofico, rintraccia l'origine dell'identificazione di questa cultura del sapere e del potere nella visione totalizzante dell'ontologia, in questa "filosofia della totalità, dove il sapere si identifica con il potere." Baccarini E., *Lévinas. Soggettività e Infinito,* Studium, Roma 1985, 25.

[57] Il soprannaturalismo presenta "la concezione di una «natura» e di una «soprannatura» che costituirebbero, ciascuna in se stessa, «un ordine completo». Il soprannaturale, per non contaminarsi con le istanze della natura e per non essere fagocitato dalle dottrine dell'immanenza (che risolvono naturalisticamente il mistero gratuito della soprannatura in un guadagno storicamente conseguibile), assume i chiari connotati di un'«aggiunta»: una realtà sovrapposta, una sovrastruttura artificiale arbitrariamente imposta. La natura sarebbe così «chiusa» in se stessa, senza alcun interesse per il cosiddetto soprannaturale." Barzaghi G., *Metafisica della cultura cristiana,* Edizioni Studio Domenicano, Bologna 1996, 27. Colombo G., *Soprannaturale*, in *Dizionario Teologico Interdisciplinare*, vol.3, 293-301.

dell'uomo dalla vita di Dio creatore. Per approfondire questa tesi dobbiamo descrivere ora il rapporto tra la vita del cosmo come creazione e la dimensione del peccato e della grazia, espressi dalla tradizione occidentale e orientale.

5. La vita del cosmo come creazione tra la dimensione del peccato e la grazia nella riflessione teologica occidentale e orientale

Come abbiamo visto la vita del cosmo si pone in una provvisorietà assoluta e in una radicale dipendenza da Dio creatore che la sostiene e non la fa sprofondare nel baratro del vuoto d'essere. Anzi, tale vita tende alla sua origine, richiama la nostalgia del creatore.

La *vita cosmologica*, perciò, deve essere letta secondo i principi ermeneutici di *creazione-peccato-grazia* che sono tra loro profondamente e reciprocamente interconnessi[58]. Per delineare i presupposti teologici di un'ermeneutica del dato di creazione-peccato-grazia, in riferimento al dogma della creazione da parte di Dio in Cristo, morto e risorto, cerchiamo di mettere in risalto le diverse accentuazioni teologiche sia sul versante occidentale sia su quello orientale.

5.1 La vita del cosmo come creazione tra peccato e grazia nella prospettiva ermeneutica della teologia occidentale

Nel corso della storia della teologia occidentale, la vita del cosmo, scandita e interpretata secondo i criteri di creazione-peccato-grazia, non è riuscita a esplicarsi in modo equilibrato. Si è venuta a trovare in una posizione sbilanciata a causa dei diversi condizionamenti culturali, che non sono sempre stati posti e letti secondo un serio esame critico[59].

Per visualizzare questo squilibrio, possiamo dire che *l'interpretazione teologica occidentale della vita del cosmo può essere vista come una bilancia, in cui il perno è costituito dalla creazione, mentre i due piatti, tra loro asimmetrici, sono dati dal peccato e dalla grazia.*

---

[58] La vita cosmologica è intrecciata con la vita dell'uomo che è scandita dall'esperienza esistenziale dell'accadimento della grazia e del peccato. In questo senso, allora, la vita cosmologica è inserita all'interno del progetto salvifico dell'incarnazione, nel senso che l'incarnazione ha intrinsecamente una dimensione cosmica. Infatti, "come nell'incarnazione del Figlio, Dio abbraccia tutti gli uomini, così anche «abbraccia tutta la creazione con la sua potenza creatrice che è allo stesso tempo potenza d'amore»." Cautilli G., *Oltre l'orizzonte,* EPUG, Roma 2005, 53. Panteghini G., *L'uomo alla luce di Cristo,* Edizioni Messaggero, Padova 1991, 29-55. Panteghini G., *Cosmo e storia della salvezza: la creazione tra peccato e grazia,* in *Credere Oggi* 33 (1986) 54-67; Flick M.-Alszeghy Z., *Antropologia* in *Nuovo Dizionario di Teologia,* Paoline, Roma 1985[5], 12-29;

[59] Col recupero del platonismo la vita cosmologica non viene interpretata secondo la categoria biblica di creazione ma, nel Ficino, per esempio, è vista all'interno di "una docta religio, capace di cogliere le radici divine del Tutto e il mirabile dispiegarsi della Unità eterna nella molteplicità inesauribile della sua creazione." Mondin B., *Storia della teologia,* vol. 3, ESD, Bologna 1996, 49.

5.1.1 L'ottica amartiocentrica

La fondamentale connotazione con cui la vita del cosmo è stata letta è stata l'ottica del peccato dell'uomo. La vita del cosmo perciò non può essere declinata senza l'intervento dell'uomo ma nel senso dell'uomo-che-pecca, e quindi secondo una visione pessimistica sull'uomo[60].

Nella comprensione della vita del cosmo sarà accentuata la dimensione della corruzione operata dall'uomo sul cosmo; mentre la categoria della restaurazione di tale vita sarà colta nel segno della grazia.

Ponendo al centro la corruzione stabilita dal peccato e non la figura redentiva del Cristo, quale sorgente unica e assoluta per la realizzazione salvifica sulla creazione, l'evento dell'incarnazione sarà posto e visto in riferimento al criterio della 'felix culpa'[61], che sarà poi sublimata secondo un'esigenza incontrovertibile nell'ottica della logica anselmiana[62]. *L'incarnazione è provocata dal peccato dell'uomo corrotto.*

Questa modalità ermeneutica sulla vita del cosmo non è sbagliata, in quanto il dato biblico legge tale vita all'interno della realtà del peccato. Paolo nella lettera ai Romani dice che "a causa di un solo uomo il peccato entrò nel mondo e attraverso il peccato la morte e così la morte dilagò su tutti gli uomini per il fatto che tutti peccarono"[63]. Dobbiamo dire, perciò, che il peccato dell'uomo ha influito, non solo sulla vicenda storica concreta antropologica ma, le conseguenze di tale evento hanno condizionato e continuano ad influire la vita del cosmo, *sul progetto della creazione cioè sulle modalità dell'essere e del divenire delle cose create,* "sottoposte alla caducità, non di loro volontà, ma a causa di colui che ve le sottopose, nella speranza che la stessa creazione sarà liberata dalla schiavitù della corruzione per ottenere la libertà della gloria dei figli di Dio"[64].

---

[60] Panteghini G., *L'uomo alla luce di Cristo,* Edizioni Messaggero, Padova 1991, 57-84.

[61] In S. Agostino la giustificazione del mistero redentivo non è provocata solo dalla polemica pelagiana ma anche dall'esegesi su Giovanni. Infatti "il tema della redenzione e l'universalità del peccato originale saranno affrontati soprattutto nella polemica pelagiana, ma anche la meditazione su Giovanni offre molti spunti nel delineare il rapporto tra Adamo e Cristo." Ceriotti G., *L'unità in Cristo secondo S. Agostino,* Città Nuova, Roma 2009, 52.

[62] "Se l'uomo non avesse peccato non ci sarebbe stata alcuna necessità di Cristo. Tutto il trattato anselmiano intende dimostrare proprio questa tesi: la necessità del Dio-uomo come unica risposta all'impossibilità umana di autosalvezza a causa del peccato. Ma in questo modo la cristologia anselmiana appare piuttosto riduttiva del dato rivelato. E', infatti, teologicamente difficile pensare Cristo, verso il quale tutte le cose sono orientate (cf. Col 1,16), come qualcosa di puramente accidentale al peccato dell'uomo e alla sua necessità di soddisfazione del peccato." Carpin A., *La redenzione in Origene, S. Anselmo e S. Tommaso,* ESD, Bologna 2000, 132-133

[63] Rom. 5,12.

[64] Rom. 8,20. Il brano di Romani 8, 19-25, da cui ho tratto il versetto, descrive un profondo legame tra vita cosmologica e vita antropologica in quanto attribuisce alla vita cosmologica "un'attesa e un'aspirazione,

Tutto questo perché c'è un legame irriducibile tra la vita del cosmo e quella dell'uomo, in quanto la vita del cosmo ha come fine e culmine la vita stessa dell'uomo. *L'uomo, operando col peccato, provoca un cambiamento nell'essere e nel divenire delle cose create in relazione all'identità stessa della vita cosmologica* nel senso che queste modalità di peccato si manifestano come uno scacco per l'intera vita cosmologica nella sua vocazione progettuale pensata da Dio dall'eternità.

5.1.2 Dalla visione amartiocentrica all'ambiguità della vita del cosmo

Se al centro della vita del cosmo poniamo l'uomo peccatore, tutto questo provoca una rivoluzione nell'intendere la realtà relazionale sulla vita dell'universo. Questa rivoluzione, che nasce dalle conseguenze del peccato dell'uomo, non deve essere interpretata in senso scientifico come una trasformazione delle leggi fisico-naturali cioè con l'alterazione del principio di causalità[65] intrinseco alle cose stesse, ma come un rivolgimento , un capovolgimento dell'equilibrio armonico tra la vita del cosmo e quella dell'uomo. Questa assimetria relazionale, provocata dal peccato, determina perciò un rovesciamento nella vita del cosmo perché le cose, che erano state create da Dio per l'uomo, vengono assolutizzate dall'uomo stesso, secondo

come se fosse un essere umano. Sembra voler dire che l'attesa del cristiano trascina con sé anche il mondo, perché il mondo sarà integrato nella gloria escatologica che i salvati vivranno con Cristo risorto. Ma la solidarietà tra uomo e cosmo vale anche per il presente: uomo e cosmo, nella situazione presente, sono uniti nella condizione di caducità, di corruzione, di sofferenza e di attesa. La creazione è solidale con il destino dell'uomo." Bonora A., *Cosmo* in *Nuovo Dizionario di Teologia Biblica*, Paoline, Roma 1988[2], 336.

[65] E' interessante qui, però, chiedersi in merito al rapporto tra vita cosmologica e peccato originale, se l'accadimento del peccato iniziale abbia provocato realmente un cambiamento delle condizioni fisiche evolutive del cosmo tra il prima e il dopo del peccato stesso; inoltre, se il peccato originale abbia indirizzato il processo biologico cosmologico finalizzato alla comparsa della vita antropologica secondo termini di temporaneità, cioè, nel fatto che la vita cosmologica e antropologica siano in attesa del loro pieno compimento. Si può rispondere che se da una parte è vero che "non vanno cercati forzati parallelismi tra la storia della salvezza e quella dell'universo fisico, e che la centralità di Cristo sulla storia trascende la storia stessa senza essere da questa misurata, è altrettanto vero, per dirlo con altre parole, che sviluppo fisico-temporale dell'universo e storia della salvezza parrebbero accordarsi meglio dall'origine dell'universo fino a Pasqua, di quanto non sembrino fare dalla Pasqua in poi. In merito alle due questioni appena poste, la teologia può suggerire solo alcune piste di riflessione. Cominciamo dalla prima. La mancanza di modificazioni empiricamente note nel comportamento dell'universo fisico prima e dopo il peccato originale starebbe a indicare che le conseguenze del peccato riguarderebbero principalmente le «relazioni» dell'uomo con Dio e dell'uomo con la natura, e non la natura in quanto tale. Il fatto che un universo in evoluzione abbia comportato una lotta per la sopravvivenza, un procedere a tentoni e un certo disordine, sarebbe allora da «ricondurre» nel mistero della creazione: quanto questi caratteri dell'evoluzione dipendano in causa dal peccato dell'uomo può conoscerlo solo Dio, il cui piano di creazione e di salvezza è concepito fuori del tempo, e le cui ragioni ultime ci è precluso di indagare. (...) Infine, ciò che ai nostri potrebbe sembrare una contraddizione – ci riferiamo qui alla seconda questione, quella che tutta l'evoluzione cosmica sembrerebbe orientata verso la comparsa della vita intelligente, ma questa sarebbe destinata a sopravvivere per un tempo limitato – non possiamo escludere che essa contenga un significato nascosto: forse anche l'universo, come il genere umano, potrebbe essere chiamato a un «suo mistero pasquale»." Tanzella Nitti G., *Teologia e scienza. Le ragioni di un dialogo,* Paoline, Milano 2003, 111-112.

coordinate di signoria e non di servizio all'uomo[66]. *L'uomo, così, accetta di abdicare al loro potere e non realizza la vocazione inscritta da Dio nel suo cuore, che è quella di essere il suo amministratore sulle cose create*. La vita dell'uomo perciò non può rispondere al comando di Dio che "'Siate fecondi e moltiplicatevi; riempite la terra; soggiogatela e dominate sui pesci del mare e sugli uccelli del cielo e su ogni essere vivente che striscia sulla terra"[67], ma avviene il contrario, l'inverso[68]. L'uomo, agendo col peccato, permette che la vita delle cose create porti ad una mondanizzazione della sua vita, cioè pone la sua vita in una situazione di lontananza da Dio e anche il suo rapporto con la vita del cosmo si ritrova compromesso, perché le cose divengono i suoi idoli[69]. Questa signoria del peccato perciò *conduce l'uomo al ripudio della sua più alta dignità, che è quella di essere figlio di Dio*, riducendolo alla sua datità di tipo naturale del "polvere sei e polvere tornerai"[70].

5.1.3 La relativizzazione della prospettiva amartiocentrica della vita cosmologica operata dall'evento redentivo

Nella Bibbia, però, *la realtà del peccato* che abbiamo colto come signoria delle cose create sulla vita dell'uomo e del cosmo, non pone fine alla vita del cosmo, intesa *come vittoria sul creato*. Se andiamo a leggere il dato iniziale inerente alla vita del cosmo, troviamo che essa è segnata dall'accadimento della creazione dal nulla[71] mediante l'opera indefettibile dell'amore di Dio

---

[66] All'interno del rapporto biblico tra vita cosmologica e vita antropologica l'uomo non deve sentirsi il padrone del mondo creato, "bensì si autocomprende come custode del mondo quale realtà dotata di senso perché data dall'Assoluto e a lui aperta. Rimettendo nelle mani di Dio il senso ultimo delle cose, la fede toglie alla scienza e al potere dell'uomo cui essa serve la loro pretesa totalizzante. Il mondo, inteso come creazione e quindi come dono, ha un senso che non gli è dato soltanto dall'uomo, ma d'altra parte è affidato alla 'custodia' dell'uomo e raggiunge il suo fine soltanto se l'uomo lo accoglie e lo porta a compimento." A. Bonora, *Cosmo* in *Nuovo Dizionario di Teologia Biblica*, Paoline, Roma 1988^2, 322.

[67] Gn. 1,28

[68] In quanto "l'uomo ha rovinato la creazione di Dio, anziché esserne il custode. A partire dal primo peccato il male si è diffuso come una valanga. E con uno spostamento: dalla rivolta contro Dio (il peccato di Adamo) alla violenza dell'uomo sull'uomo (da Caino al diluvio). Uno spostamento sul quale vale la pena di riflettere: alla radice sta la pretesa di fare da sé, di decidere il bene e il male, di atteggiarsi a sovrano assoluto e autonomo della creazione." Maggioni B., *Appunti per una lettura biblica della creazione,* in *Communio* 100 (1988) 25.

[69] "Rifiutando Dio e volendo fare da sé l'uomo finisce sempre col crearsi degli idoli, ai quali poi sacrifica se stesso e gli altri. L'idolatria genera violenza. L'uomo non deve inventarsi, ma decifrarsi, nell'umile e paziente ascolto della parola di Dio e della verità delle cose." *Ivi.*

[70] Gn. 3,19d

[71] "Il rapporto di Dio con il mondo è affermato nelle prime pagine della Genesi, dove si parla di creazione, cioè di chiamata all'esistenza di ciò che prima non esisteva, senza l'impiego di alcun materiale preesistente. Nella riflessione teologica del periodo sapienziale (cfr. Proverbi, Salmi) e in quella successiva neotestamentaria, il concetto di creazione verrà inteso come «creazione dal nulla», realizzata mediante la potenza della parola di Dio, un concetto che corrisponde pienamente al senso biblico della parola «barà». E' molto illuminante la testimonianza della madre dei sette Maccabei: «Ti scongiuro, figlio, contempla il cielo e la terra, osserva quanto vi è in essi e sappi che Dio li ha fatti non da cose preesistenti; tale è anche l'origine

creante e provvidente[72].

L'evento terminale della vita cosmologica poi è connotato in senso trasformativo, secondo *il principio teologico dei 'cieli nuovi e terra nuova'*, frutto della salvezza operata dalla morte e risurrezione in Cristo, vincitore e ricapitolatore di tutta la vita del cosmo perché “egli è l'immagine del Dio invisibile, primogenito di tutta la creazione; poiché in lui sono stati creati tutti gli esseri nei cieli e sulla terra”[73].

Il peccato in Paolo si pone quale sfondo, orizzonte in cui la grazia sull'umanità si evidenzia in modo preponderante, perché “dove si moltiplicò il peccato, sovrabbondò la grazia, affinché, come regnò il peccato nella morte, così anche la grazia regni mediante la giustificazione per la vita eterna in grazia di Cristo, nostro Signore”[74].

Allora, l'amicizia dell'umanità nel peccato di Adamo è letta in ordine alla totale partecipazione nell'evento del Cristo morto e risorto. E' questa la signoria fondante la vita del cosmo e dell'uomo, la vittoria nel *Cristo morto e risorto, origine e centro della realtà*. In tale prospettiva *la dimensione amartiocentrica in Adamo viene relativizzata e subordinata a Cristo Risorto e in Lui la risurrezione della vita degli uomi*ni[75].

---

del genere umano» (2 Macc. 7,28). La creazione riguarda tutta la realtà esistente, il cielo e la terra, le piante, gli animali e l'uomo. Nulla si sottrae a questo atto dell'unico Dio, che è il Dio d'Israele.” Facchini F., *Origini dell'uomo ed evoluzione culturale. Profili scientifici, filosofici, religiosi,* Jaca Book, Milano 2004, 256.

[72] “L'affermazione teologica del fatto creativo non riguarda solo gli inizi delle cose. L'essere creato mantiene una sua radicale dipendenza da Dio creatore; non esisterebbe se venisse meno la volontà di Dio che l'ha posto nell'esistenza. Il rapporto di Dio con il mondo non va visto solo agli inizi, come avviene nelle opere dell'uomo che dà forma ad una materia che già esiste. L'azione di Dio è continua e mantiene nell'esistenza ogni cosa.” *Ibidem,* 257.

[73] Col. 1,15-16a. Il centro della vita cosmologica è Cristo, presentato in questi versetti del brano della lettera ai Colossesi, “come il generato prima di ogni creatura perché, in quanto immagine perfetta del Dio invisibile, fosse la 'consistenza', cioè il fondamento vitale, di tutte le cose create: «tutte sussistono in lui»; fosse anche coautore della chiamata delle cose create all'esistenza: «tutte le cose sono state create per mezzo di lui» e, infine, fosse la destinazione e quindi il riferimento obbligatorio di tutte le cose: «tutte sono state create in vista di lui» (cf. Col 1, 15-17). Dalle affermazioni della lettera emerge chiaramente che la preesistenza di Cristo è finalizzata alla chiamata della creazione all'esistenza e alla sua realizzazione; tanto è forte e intrinseca la connessione tra lui e la creazione, che questa, oltre ad essere opera di Cristo insieme al Padre, è anche manifestazione e compimento del mistero di Cristo.” Laudazi C., *L'uomo nel progetto di Dio,* in Moriconi B. (ed), *Antropologia cristiana. Bibbia, teologia,cultura,* città Nuova, Roma 2001, 279.

[74] Rom. 5, 20-21

[75] “La nostra risurrezione è dunque una verità da leggersi in continuità con il dialogo che Dio ha voluto stabilire con l'uomo. Non è infatti un puro e semplice prolungamento della vita antecedente, quasi fosse un esser richiamati alla vita. E' 'compimento' della relazione creaturale con Dio, ed è Lui che compie e definisce una volta per tutte quella relazione. La risurrezione di Cristo è l'evento che rende possibile questo rapporto. Riguarda il corpo dell'umanità e il cosmo. E' un evento di comunione totale: si riferisce alla totalità della storia, dei singoli e dell'umanità. E si riferisce alla natura, al cosmo. Con il suo avvento, sarà resa effettivamente definitiva la comunione fra gli uomini, e la partecipazione del creato in un mondo totalmente rinnovato. La 'comunione dei Santi' trova la sua pienezza in seguito alla risurrezione, quando finalmente 'Dio sarà tutto in tutti', e noi saremo in Lui. E il cosmo sarà associato a tale comunione (Rm 8, 19-23; At 2122).”

Non può, perciò, essere il peccato a dettare le condizioni di possibilità dell'atto redentivo. E' l'accadimento salvifico di Cristo, morto e risorto che giudica sia la significatività sia la precarietà del peccato e il suo apparente e temporaneo successo nei riguardi della vita del cosmo e dell'uomo.

Il peccato però qualifica in modo evidente la tensione primaria e fontale della vita del cosmo verso il suo principio e modello che è Cristo, 'immagine del Dio invisibile, primogenito di tutta la creazione'[76].

Questa attrazione verso il Cristo, origine e fine della vita del cosmo, è il luogo e il paradigma di riferimento per l'azione di salvezza ad opera della Trinità nei confronti della vita del cosmo[77].

Il volgersi della vita del cosmo verso la sua fonte di salvezza spiega che la vita del cosmo è stata creata da una mano amorevole e provvidente: la vita del cosmo è in sé stessa buona[78], non cattiva. *La vita del cosmo che inclina al Cristo, sua origine e modello, rivela la possibilità di guaribilità e di curabilità*[79].

Cinà G., *Il corpo fra creazione e redenzione,* in Moriconi B. (ed.), *Antropologia cristiana. Bibbia, teologia, cultura,* Città Nuova, Roma 2001, 600.

[76] Col. 1, 15-16

[77] La relazione tra vita trinitaria e vita cosmologica, intesa come vita del mondo in generale, scandita secondo le categorie di pensiero, da una parte della trascendenza e dall'altra dell'immanenza, è stata colta teologicamente secondo due modelli. "Il primo modello, infatti, è quello della trascendenza di Dio rispetto al mondo, senza immanenza alcuna di Lui in esso: dove prevale uno schema d'esteriorità, e persino di separazione, che non può ingenerare grossi problemi a livello d'interpretazione teologica, metafisica e anche cosmologica. Il secondo modello è invece quello dell'immanenza di Dio nel mondo: che spesso finisce col negare la reale alterità di Dio per identificarlo, in forme diverse, col mondo stesso, suscitando altrettanti problemi, anche di segno opposto, sul piano teologico, metafisico e cosmologico. Il paradigma suggerito dalla prospettiva trinitaria ripensa la contrapposizione astratta e tendenzialmente dualistica (e perciò, in definitiva, escludente o identificante) di trascendenza e/o immanenza tra Dio e il mondo, avanzando una comprensione della trascendenza che non esclude una forma specifica d'immanenza, e di un'immanenza che presuppone e salvaguarda la vera trascendenza. La trascendenza di Dio è talmente trascendente – se così si può dire – da esprimersi nella più perfetta immanenza nel creato! Alcuni autori, utilizzando un termine che conosce una lunga storia in filosofia, in cosmologia e in teologia, parlano di pericoresi tra Dio e il mondo, e cioè di reciproca inabitazione dell'uno nell'altro che, per essere tale, esige ed esprime la loro reciproca alterità e distinzione. (…) Tale linguaggio è dunque tornato di singolare attualità nel nostro tempo, per esprimere in modo più soddisfacente la relazione tra Dio e il mondo, alla luce dell'evento cristologico interpretato dall'orizzonte trinitario che gli si confà. Questa relazione, infatti, secondo la rivelazione cristiana, trova la sua massima espressività, e dunque anche la sua chiave d'intelligibilità sul livello sapienziale, nel rapporto tra il divino e l'umano in Cristo che, a sua volta, riflette la relazione d'unità nella distinzione tra il Padre, il Figlio/ Verbo e lo Spirito Santo." Coda P., *Il logos e il nulla. Trinità, religioni, mistica,* Città Nuova, Roma 2004², 256.

[78] In quanto il bene, essendo comunicazione dell'essere di Dio "non solo espande e trasmette l'essere all'interno della Trinità, ma lo dona anche alla creazione e mantiene quest'ultima nell'essere. Di qui appare chiaro che è possibile riflettere sulla comunicazione della Trinità ad extra contemplando sì la creazione, ma ricordando che all'origine di questa comunicazione ad extra sta il bene che diffonde l'essere divino a livello immanente." Prenga E., *Il Crocifisso via alla Trinità. L'esperienza di Francesco d'Assisi nella teologia di Bonaventura,* Città Nuova, Roma 2009, 236.

[79] Schockenhoff E., *Etica della vita. Un compendio teologico,* 453-476. Morandini S., *Darwin e Dio. Fede,*

Questa vita del cosmo rimane sempre intrisa dal peccato ma nel mistero salvifico, che rende ragione della liberazione "dalla schiavitù della corruzione per ottenere la libertà della gloria dei figli di Dio. Sappiamo infatti che tutta la creazione geme e soffre unitamente le doglie del parto fino al momento presente"[80]. La storia della teologia occidentale[81] ha lasciato in disparte queste note di Paolo, che sono fondamentali nell'elaborare una visione della vita del cosmo nel Cristo morto e risorto.

5.1.4 La concezione amartiocentrica origine dell'assolutizzazione del cosmo come natura nel pensiero moderno

Partendo da Agostino e giungendo a Martin Lutero, il peccato delle origini è stato interpretato come la motivazione principale dell'incarnazione di Dio in Cristo. *Gesù Cristo*, che è il protagonista dominante dell'evento redentivo, è divenuto, *nello sviluppo della teologia occidentale, la figura del semplice riparatore in ordine alla vita del cosmo e dell'uomo*. C'è stato quindi un offuscamento della centralità biblica della figura di Cristo, al punto che se Adamo non avesse peccato, il Figlio di Dio non si sarebbe incarnato.

Anselmo, nel suo 'Cur Deus homo'[82], afferma che vi sono state 'ragioni necessarie' che hanno provocato l'evento dell'incarnazione. Ragioni che sono determinate dalla dipendenza peccatrice della natura dell'uomo[83], giungendo a tematizzare la teoria della cosiddetta soddisfazione, che trova la sua scaturigine nei modelli del rispetto dell'onore provenienti dal mondo del diritto feudale medievale[84]. L'ermeneutica amartiocentica teologica occidentale

---

evoluzione, etica, 183-189.

[80] Rom. 8,21-22

[81] Panteghini G., *L'uomo alla luce di Cristo,* Edizioni Messaggero, Padova 1991, 57-97.

[82] "Il Cur Deus homo è un dialogo nel quale Anselmo tenta di stabilire per mezzo di ragioni necessarie il perché dell'Incarnazione. Il problema dell'Incarnazione occupa Anselmo fin dall'inizio della sua carriera di scrittore, anche se lo svilupperà solo più tardi." Viola C.E., *Anselmo d'Aosta,* in AA.VV., *La fioritura della dialettica, X-XII secolo,* Jaca Book-Città Nuova, Milano-Roma 2008, 107.

[83] Anselmo, in definitiva si interroga sulla motivazione che fonda l'incarnazione di Dio in Cristo in quanto soddisfazione nei confronti del peccato dell'uomo. "La risposta al problema così sollevato muove in Anselmo dalla sua concezione del peccato. Peccato è rifiuto della sottomissione dovuta a Dio; è offesa del suo onore a cui egli ha diritto. Il turbamento, che ciò comporta, dell'ordine della creazione, del rapporto fondamentale di creatore e creatura, è intollerabile. Né Dio lo può semplicemente ignorare, non può rinunciare alla riparazione, anzi vi deve insistere. Poiché dunque il peccato è essenzialmente peccato contro Dio, Anselmo vede in questo un debito inestinguibile. L'uomo in quanto soggetto temporale del peccato cade così nella situazione disperata di una situazione a lui assolutamente richiesta, ma che sostanzialmente non può dare. Già si delinea l'intima logica del ragionamento: l'uomo ha peccato, ma non può dare la soddisfazione richiesta. Dio però non vi può rinunciare." Heinzmann R., *Anselmo di Canterbury,* in Fries H.-Kretschmar G.(cura di), *Il pensiero medievale,* Jaca Book, Milano 2005, 45

[84] "La teoria della soddisfazione vicaria proposta da S. Anselmo nel suo 'Cur Deus Homo' alla fine del secolo XII, avrà nei secoli, innumerevoli riletture e riproposizioni teologiche fino ai tempi moderni, ma anche molte interpretazioni eccessive, riduttive o troppo meccanicistiche. Nella teologia contemporanea questa tradizionale spiegazione della redenzione come riscatto o soddisfazione, sembra non essere più accettata e

con al centro la realtà del peccato dell'uomo[85] tenderà, perciò, a presentare la vita del cosmo secondo una visione pessimistica, che, insieme a concetti di origine platonico-manichea, sfocerà in una mentalità sospettosa della materia. *La dicotomia che si è prodotta nell'ambito della cultura e della mentalità moderna tra la visione di Dio e quella dell'uomo, è data, in buona parte, perciò dall'interpretazione amartiocentrica della vita del cosmo*[86].

Questa valutazione porterà come movimento di reazione ad una concezione delle vita del cosmo, in cui l'uomo conosce e controlla la natura grazie all'indagine logico-scientifica, colta solo come un potere-sapere positivo, sganciato da qualsivoglia legame con Dio, creatore e provvidente. Anzi, *l'azione dell'uomo sulla vita cosmologica si prospetterà quale atto negativo,* perchè l'uomo agisce non più come collaboratore e aiuto di Dio ma, come nemico di Dio.

5.2 La vita del cosmo come creazione tra peccato e grazia nella prospettiva ermeneutica della teologia orientale

Dopo aver delineato le linee più rilevanti nella storia della teologia occidentale, passiamo ora a tratteggiare quelle principali nell'ottica della teologia orientale[87].

5.2.1 Il Logos di Dio come grazia, origine della vita del cosmo

Come primo dato fondamentale, possiamo dire che la tradizione teologica orientale situa l'interpretazione della vita cosmologica, mettendo al centro la realtà di Dio. *Dio è visto come cifra e paradigma di ogni accadimento relativo alla vita cosmologica.* La concezione teologica orientale[88] si è indirizzata verso una visione ermeneutica, che mette al centro di tale interpretazione l'intervento del Logos creatore[89].

---

viene sottoposta a severe critiche a causa del suo eccesso di giuridismo, in particolare ispirato al diritto feudale del medioevo." Stancati S.T., *Escatologia, morte e risurrezione,* Editrice Domenicana Italiana, Napoli 2006, 48.

[85] Serenthà L., *Peccato originale*, in *Dizionario Teologico Interdisciplinare,* vol.2, 690-706.

[86] La vita cosmologica intesa come mondo, "da ens creatum in funzione dell'uomo, diventa luogo di espiazione di una colpa umana; il suo senso non è più presso di sé, ma presso l'uomo, presso la sua storia sacra o storia di salvezza. Il cosmo perenne che ripete se stesso diventa saeculum, tempo mondano compreso tra un inizio e una fine, tra il giorno della creazione e l'ultimo giorno (éschaton), tra una colpa e una redenzione. (…) e il mondo, carico di negatività per la meledizione divina, si contrappone al divino (theîon)." Galimberti U., *Psiche e techne. L'uomo nell'età della tecnica,* Feltrinelli, Milano 2004[3], 287.

[87] Evdokimov P.N., *L'Ortodossia,* EDB, 1981[3], 63-135. Lossky N., *Ortodoxy*, in *Dictionary of the Ecumenical Movement*, WCC Publications Geneva-Eerdmans W.B, Grand Rapids (Michigan-USA) 1991, 764-768.

[88] Evdokimov P.N., *L'Ortodossia,* EDB, 1981[3], 63-135.

[89] La vita cosmologica tradotta come mondo si presenta, riferita al Logos creatore in quanto energia. Energia che è interpretata come una fra le tre modalità d'esistenza di Dio, del mondo e dell'uomo. Le altre due espressioni esistenziali sono l'essenza (natura) e la persona (ipostasi). La materia della vita cosmologica si

Un'ermeneutica della vita del cosmo secondo modalità teocentriche può essere considerata opportuna e teologicamente esatta. Però, l'accentuazione del teocentrismo ha portato alla *relativizzazione della densità ontologica del creato*, con la riduzione del cosmo ad un'immagine umbratile. D'altra parte, rispetto alla visione teologica occidentale, l'oriente teologico pone in rapporto di continuità partecipativa l'orizzonte creativo con l'orizzonte salvifico[90]; la prospettiva della grazia con la prospettiva della natura; il disegno temporale con il disegno religioso.

5.2.2 Una lettura sacramentale come contemplazione

Per allontanare la tentazione di una declinazione panteistica, la riflessione teologica orientale ha presentato *il cosmo in veste sacramentale*, quale metafora della dimensione trascendente divina. Interpretando la vita del cosmo come *'speculum Dei'*, il cosmo viene inteso come un riflesso dell'ordine della trascendenza[91]. L'essere stesso della vita cosmologica allora si pone al di là della pura e semplice contingenza del cosmo. In questa dimensione l'uomo si presenta come il luogo d'unità della vita stessa del cosmo, la quale, perviene così alla scoperta della propria progettualità[92]. Questo orizzonte di pensiero ha

---

pone, secondo i padri greci, S.Gregorio Nisseno, S.Massimo il Confessore, come un accadimento di energia. "Essi hanno considerato la sua costituzione come il concorso e l'unione di 'qualità logiche'. Preso nel suo insieme e in ciascuna delle sue sfaccettature, il mondo è lógos in atto, un atto creativo personale di Dio. Conformemente al racconto della Genesi, Dio ha creato tutte le cose con la sola sua parola (lógos): «Egli disse e così fu». La parola di Dio non passa, ma si ipostatizza in una realtà in atto, «diventa subito natura». Come la parola umana di un poeta costituisce una nuova realtà che gli è esterna, la poesia, ma che nello stesso tempo è effetto e manifestazione della sua parola, così la parola (lógos) di Dio si attua dinamicamente «nel fondamento e nella formazione della creazione». Riprendiamo la stessa immagine: la poesia, opera dl poeta, è un 'concorso' e una unione di parole (lógoi). Perché ci sia poesia non basta una semplice aggregazione di lógoi: è necessario il loro 'concorso', la loro 'formazione', la loro composizione e la loro strutturazione. Questo concorso dei lógoi che costituiscono la poesia è una nuova realtà, di un'altra 'essenza', diversa da quella del poeta, e tuttavia, sempre rivelatrice del lógos della sua alterità personale, come anche incessantemente creatrice di nuove realizzazioni di vita." Yannaras C., *La fede dell'esperienza ecclesiale. Introduzione alla teologia ortodossa,* Queriniana, Brescia 1993, 62-63.

[90] In quanto "se l'orizzonte dell'Incarnazione e della Pasqua del Cristo rivela il volto inedito ed abissale dell'Amore trinitario, occorre ancora, proprio nella luce di questo volto, cercare di penetrare il mistero della creazione, e quello strettamente ad esso connesso, del significato del cosmo." Coda P., *L'altro di Dio. Rivelazione e kenosi in Sergej Bulgakov,* Città Nuova, Roma 1998, 13.

[91] Panteghini G., *Cosmo e storia della salvezza: la creazione tra peccato e grazia*, in *Credere Oggi* 33 (1986)54-67.

[92] La vita antropologica si presenta come luogo d'unità tra la vita cosmologica e la vita teologica in quanto l'uomo si connota come un microcosmo-esistenziale. "Spesso si trova presso i padri l'espressione «l'uomo è un microcosmo» perché grazie alla sua composizione naturale egli ricapitola gli elementi di tutto l'universo. Ma in seguito alla caduta dell'uomo, al suo cambiamento 'contro natura', (...) questi elementi si trovano in lui e nel mondo in stato di frammentazione e di divisione. Rimanendo nonostante tutto, anche dopo la sua caduta, un'esistenza personale, un' ipostasi razionale e psicosomatica, l'uomo conserva la possibilità di realizzare dinamicamente nella propria persona l'unità del mondo, di ricapitolare il lógos del mondo in una risposta personale alla chiamata di Dio per stabilire una comunione e una relazione tra il creato e l'increato; di rivelare il lógos universale del mondo in quanto lógos personale di rendimento di grazie della creatura

portato quindi ad una lettura sacramentale della creazione intesa come *contemplazione del Lógos di Dio*[93].

5.2.3 L'accentuazione della grazia divinizzante e la riduzione della densità ontologica

Alla base di tale ottica troviamo però un pericolo fondato su *un processo ermeneutico 'platonizzante'*, che ha portato ad una relativizzazione della dimensione ontologica della vita del cosmo, che è stata colta come un segno umbratile della realtà trascendente. C'è quindi qui una tensione ad assolutizzare questo significato rispetto all'interpretazione biblica sulla creazione. *Per questo l'oriente teologico porta a non riconoscere l'identità propria della vita del cosmo e la dimensione del limite che vi soggiace.*

Troviamo un'accentuata simmetria, che mette sullo stesso piano, confondendoli, l'aspetto divino e terreno, quello divino e umano, realtà religiosa e realtà civile[94]. *La visione orientale ha perciò sottolineato della vita del cosmo l'aspetto divinizzante, quello relativo alla dimensione della grazia*[95]. La concezione platonizzante vede il cosmo, immagine simbolica della trascendenza e la vita delle cose terrene come una metafora delle celesti. *L'ermeneutica teologica orientale, in sintesi, coglie la vita del cosmo quale allegoria*[96] *e ombra del trascendente, svuotando la vita stessa cosmologica della sua intima consistenza ontologica.*

5.2.4 L'offuscamento della valenza cristologica

All'inizio la tradizione teologica orientale aveva messo l'accento in modo significativo sulla profonda e intima relazione tra la creazione e il Logos-non-creato, fattosi carne nella persona del Cristo. In Giustino, con la sua dottrina

verso il suo creatore; di dare all'energia che costituisce il mondo la direzione e lo slancio che convengono al suo fine esistenziale." Yannaras C., *La fede dell'esperienza ecclesiale. Introduzione alla teologia ortodossa,* Queriniana, Brescia 1993, 73.

[93] "I Padri chiamano contemplazione della natura lo studio del lógos di Dio nella natura, la scoperta della sua alterità personale in ciascuna sfaccettatura della bellezza e della sapienza del mondo. La materia del mondo è essa stessa un evento messo in opera dinamicamente, un energia 'eterogenea' rispetto alla Natura di Dio, una energia creata dal Dio increato." Yannaras C., *La fede dell'esperienza ecclesiale. Introduzione alla teologia ortodossa,* Queriniana, Brescia 1993, 70-71.

[94] Pacini A., *Le chiese ortodosse*, Elledici, Torino 2000, 48-77.

[95] In quanto c'è una distinzione di eterogeneità tra vita cosmologica, energia creata di Dio, e vita teologica, energia increata di Dio. "Distinguiamo così l'energia creata di Dio e costitutiva del mondo, dalle sue Energie increate che sono 'eterogenee' rispetto alle creature ed 'omogenee' rispetto a Dio. Queste energie increate sono chiamate comunemente Grazia – dono della vita di Dio all'uomo." Yannaras C., *La fede dell'esperienza ecclesiale. Introduzione alla teologia ortodossa,* Queriniana, Brescia 1993, 71. Stavrou M., *Le energie divine. La trasfigurazione del corpo e del cosmo nella teologia bizantina,* in AA.VV., *Le ricchezze dell'Oriente cristiano. Teologia, spiritualità, arte,* Paoline, Milano 2004, 57-68.

[96] "L'intero significato ontologico del mondo sensibile si esaurisce nell'essere questi allegoria e manifestazione fenomenica dello spirito." Balthasar (von) H.U., *Massimo il Confessore. Liturgia cosmica,* Jaca Book, Milano 2001, 150.

dei 'semi del Verbo' e, in modo particolare, in Ireneo, con la sua teologia della ricapitolazione, troviamo che la vita del cosmo viene letta secondo la categoria dell'alleanza, che trova compimento con l'incarnazione, morte e risurrezione del Cristo. *Ireneo presenta la vita cosmologica, quale creazione all'interno del progetto di salvezza*[97].

Nell' 'Adversus hæreses', infatti, la vita del cosmo è collocata nella storia della salvezza: "Il Dio assolutamente sovrano mette in opera il suo piano di creazione con le sue stesse mani, con il suo Figlio e con lo Spirito Santo. Il creatore del mondo è veramente la Parola di Dio: egli però è il nostro Signore, che negli ultimi tempi s'è fatto uomo, vivendo su questa terra, e che abbraccia invisibilmente tutto quanto esiste, e che è inserito in tutta la creazione, perché la parola di Dio governa e ordina tutto e perciò viene visibilmente nella sua proprietà, si è fatto carne e fu appeso alla croce, per riunire in sé di nuovo ogni cosa"[98]. Il punto più alto della vita del cosmo per Ireneo è costituito dall'incarnazione di Dio creatore in *Cristo, inteso come telos originario di tutto il progetto cosmologico*. La sorgente prima ed ultima della vita cosmologica risiede nel Logos incarnato, che mette in unità tutta la vita e la storia. *Nel Verbo fattosi carne la vita del cosmo prende senso e verità e, in tale orizzonte, anche il significato della storia trova il suo fine. Questa dottrina della vita del cosmo, intimamente connessa con il Cristo, alfa e omega di ogni cosa, nel corso degli anni viene gradualmente dimenticata*, a causa dello sforzo dei padri di *rispondere alle eresie*.

Dopo il concilio di Nicea, dovendo replicare alla concezione ariana, la ricerca teologica si indirizza ad approfondire di più la realtà della stessa sostanza tra il Padre ed il Figlio, mettendo ai margini la relazione tra la vita del cosmo e il Logos incarnato. Cè' stato quindi un offuscamento della dimensione umana di Cristo in relazione alla vita del cosmo e si è posto magggiormente l'accento sulla sua divinità a scapito di quella umana[99]. La dimensione dell'umanità di Cristo sarà poi difesa nei concili di Efeso (431), Calcedonia (451)[100] e terzo

[97] "E' importante per Ireneo affermare che la storia della salvezza include la creazione, non solo perché essa è vista positivamente come opera di Dio, ma anche perché chi deve essere salvato non è altri che l'uomo plasmato e creato da Dio." Dell'Osso C., *Ireneo e la sfida gnostica,* in AA.VV., *Patres ecclesiae. Un'introduzione alla teologia dei padri della chiesa,* Il Pozzo di Giacobbe, Trapani 2008, 108.

[98] Ireneo, Adversus hæreses' in PG 4,20,1; 5,18,3.

[99] Si tratta del monofisismo, dove si afferma che "vi è una sola natura in Cristo (in greco mone physis, da cui deriva 'monofisismo') e precisamente quella divina. Cristo è vero Dio ma non vero uomo come noi; la natura umana in lui si è disciolta in quella divina." Bulla A.-Hertling L., *Storia della Chiesa,* Città Nuova, Roma 2001[7], 127.

[100] "Il ruolo decisivo di Calcedonia è proprio quello di riconfermare la perfezione dell'umanità assunta da Cristo, sostenendo che la categoria di persona costituisce il termine insuperabile per esprimere l'unione di Dio con l'uomo. Ciò che si vuole salvaguardare è la perfezione non solo della divinità, ma anche

costantinopolitano (681). Col ridurre la valenza cristologica penetra nella meditazione teologica orientale un certo allegorismo platonizzante. *Si tenderà a parlare sempre di salvezza, però, di una salvezza che non tocca la vita del cosmo in quanto tale ma, si situerà oltre il cosmo, nel senso che la vita cosmologica sarà vista come una dimensione salvifica fuori del cosmo e della storia*. La vita del cosmo si presenta perciò, finalizzata alla distruzione e alla corruzione, dopo che si è ottenuta questa salvezza e che si manifesta con caratteri acosmici[101] e astorici.

6. Una cosmologia bioantropocentrica

Giunti a questo punto è opportuno, come sintesi, abbozzare ad alcuni principi ermeneutici sulla vita cosmo. Dalla nostra analisi abbiamo colto che la vita cosmologica si pone come realtà di creazione che si genera e si realizza mediante il Logos di Dio, incarnatosi in Cristo[102].

6.1 La finalizzazione della vita cosmologica in Cristo

La vita del cosmo è espressione dell'azione di Dio in Cristo, al cui centro c'è l'uomo, la cui tensione teleologica è l'uomo in Cristo come essere vivente. La concezione evoluzionistica di Darwin però ha eliminato la dimensione finalistica dell'uomo, perché "se la nascita della specie è guidata dalla mutazione casuale e dal processo selettivo di adattamento, l'idea di un processo finalistico non ha più senso. Neppure la sopravvivenza di una specie o la sua felice propagazione possono più essere indicate come una finalità vera e propria dello sviluppo naturale. (...) Le conseguenze derivanti da questa visuale evolutiva del mondo per la posizione dell'uomo nel cosmo e per la sua autointelligenza antropologica sono evidenti. Né la sua esistenza possiede un qualche valore superiore rispetto alle altre forme di vita, né la comparsa dell''uomo sapiens' racchiude un particolare significato per l'uomo stesso o per il prodotto totale dell'evoluzione cosmica"[103]. *Senza finalizzazione teleologica in Cristo, la presenza dell'uomo come essere vivente non ha più senso*; è sullo stesso piano della vita degli altri esseri viventi, perciò, non si rivela come una vita superiore rispetto alle altre forme della vita cosmica[104].

---

dell'umanità." Petrigliani I., *La definizione dogmatica di Calcedonia nella cristologia italiana,* EPUG, Roma 2007, 277.

[101] In quanto è "il radicalismo acosmico degli gnostici, che alla fine ha prevalso nello sviluppo della teologia cristiana nell'età patristica." Runia D.T., *Filone d'Alessandria nella prima letteratura cristiana,* Vita e Pensiero, Milano 1999, 138

[102] "La vita emerge con chiarezza, quale centro focale dell'agire di Dio nei confronti del mondo creato." Morandini S., *La vita nella creazione di Dio,* StEc 19 (2001) 399.

[103] Schockenhoff E., *Etica della vita. Un compendio teologico,* Queriniana, Brescia 1997, 58.

[104] Franceschelli O., *Dio e Darwin. Natura e uomo tra evoluzione e creazione,* Donzelli Editore, Roma 2005, 15-34.

Tutto ciò non corrisponde alla realtà perché, all'interno del processo creativo in Cristo, l'uomo riesce a esprimersi come *humanum*, quando *si sperimenta come singolarità umana nel Logos di Dio cioè nella verità di Cristo e quindi nell'autentica libertà umana*. Questa autentica libertà è intesa come possibilità per gli esseri umani di "realizzare modalità profondamente diverse di organizzazione della vita e del rapporto all'ambiente, anche nell'ambito di una stessa esistenza. (...) Come solo per gli esseri umani l'adattamento all'ambiente trapassa in adattamento degli ambienti al soggetto; come solo la vita umana possa realizzarsi tramite stili decisamente diversi – al variare del contesto socio-culturale e geografico, ma anche delle preferenze individuali. (...) Capacità di orientarsi anche a gesti e stili di vita completamente diversi, di fare cultura elaborando uno spazio di significati complesso e articolato. (...) Capacità di valutazione e di discernimento assolutamente specifica, rivelatrice di una differenza che occorre pensare con attenzione anche nel disegnare il campo d'azione della *ragione morale*"[105].

6.2 La filosofia biologica di H. Jonas e l'humanum morale

E' proprio nella ricerca sulla singolarità dell'*humanum* in quanto agente morale che si esplicita nella vita cosmologica, accenno alla filosofia biologica di Hans Jonas, specialmente nella sua opera 'Organismo e libertà. Verso una biologia filosofica'[106], dove egli dà un'interpretazione ontologica dei fenomeni biologici e presenta una filosofia della vita, costituita da una filosofia dell'organismo e da una filosofia dello spirito, il quale è capace di attuare una trasformazione della biologia in etica[107].

La materia procede da una dimensione organica, dal primitivo verso l'evoluto, che è l'itinerario di sviluppo delle facoltà e delle funzioni organiche, date dal metabolismo, movimento, desiderio, sensazione, percezione, immaginazione, arte e concetto - i gradi della libertà[108] - per giungere all'individuo umano. *L'uomo è certamente fatto di materia ma, con le sue capacità di ragionamento e di linguaggio, si pone aldilà della propria datità corporea, delinea una cultura, si ritrova in un percorso morale, in cui l'organismo che è la forma oggettiva di vita, rende la coscienza umana capace di autointerpretazione riflessiva*. Il corpo si relaziona, si trascende. Ha bisogno di materia, ne è dipendente, però, conserva rispetto alla materia un grado di libertà in quanto

---

[105] Morandini S., *Darwin e Dio. Fede, evoluzione, etica,* Mocelliana, Brescia 2009², 122, 126, 127.

[106] Jonas H., *Organismo e libertà. Verso una biologia filosofica,* Einaudi, Torino 1999.

[107] Borgia F., *L'uomo senza immagine. La filosofia della natura di Hans Jonas,* Mimesis, Milano 2006, 16-53.

[108] Michelis A., *Libertà e responsabilità. La filosofia di Hans Jonas,* Città Nuova, Roma 2007, 60-76.

progredisce e si rigenera mediante il metabolismo. Evolvendosi la sostanza vivente si specifica dalla natura e si contrappone al mondo, distinguendo la propria identità da quella della sua temporanea materia, introducendo la tensione tra essere e non-essere.

La natura, attraverso le varie forme viventi, tende all'autoconservazione. L'organismo nel suo essere è qualcosa di caduco, soggetto al non-essere; però ha in sé, contemporaneamente, ciò che a questa caducità si contrappone. L'essere si configura come una possibilità costantemente offerta. Lo scopo principale della natura è conservare il proprio essere, la propria vita. In tale preservazione della vita consiste la finalizzazione teleologica della vita stessa[109], inconsapevole nelle sue modalità di sviluppo inferiori ma, forza vincolante nell'uomo. *E' impossibile leggere la realtà della vita attraverso una spiegazione meccanicistica, perché ciò non riesce a giustificare quel sé, presente in tutti i livelli più elementari della vita organica, e, nell'uomo, si esplicita come coscienza e preoccupazione morale*[110]. La natura ha la capacità di avere degli scopi, pone dei valori. La conservazione della vita è, pertanto, un valore e il formarsi della morale si basa su un fondamento ontologico. *L'etica rinvia all'essere, ad un piano metafisico. L'essere ha in se stesso scopi e valori. Il dover essere dell'etica, perciò, si desume metafisicamente e si pone come responsabilità,* perché l'uomo deve agire responsabilmente verso l'essere, verso la vita, verso la natura che si dà nei suoi diritti[111] e contiene in sé dei valori, che dovrebbero limitare l'azione dell'uomo. Jonas, perciò, propone un'etica del limite umano, che è parimenti un'etica del futuro per le generazioni che verranno[112].

6.3 L'humanum morale e lo Spirito di Dio

Dinanzi a questa prospettiva evolutiva dell'*humanum* verso la singolarità morale non possiamo non chiederci quale sia il ruolo di Dio in quanto spirito creatore, promotore di tale finalizzazione umana. Possiamo dire che, in una visione teologica della vita cosmologica creata, *lo Spirito di Dio non agisce solo dall'alto, ma, anche dall'interno, nei suoi diversi stadi di vita organica, dal meno perfetto al più perfetto, che è l'humanum morale,* perché lo Spirito "va compreso come potere che viene dall'alto, ma anche come forza che

---

109 Michelis A., *Libertà e responsabilità. La filosofia di Hans Jonas,* Città Nuova, Roma 2007, 156-170. Arnould J., *La teologia dopo Darwin. Elementi per una teologia della creazione in una prospettiva evoluzionista*, Queriniana, Brescia 2000, 174-178.

110 Borgia F., *L'uomo senza immagine. La filosofia della natura di Hans Jonas,* Mimesis, Milano 2006, 9-15.

111 Schockenhoff E., *Etica della vita. Un compendio teologico,* Queriniana, Brescia 1997, 69-73.

112 Borgia F., *L'uomo senza immagine. La filosofia della natura di Hans Jonas,* Mimesis, Milano 2006, 95-116.

inabita il mondo, che lo struttura come creazione in tutta la sua profondità per trasformarlo in un cosmos ricco di vita. (...) Come soffio che spira attraverso l'intera creazione, come energia divina che pervade il cosmo"[113].

E' interessante notare, in quest'ottica cosmologica, come sia i padri greci sia la fisica contemporanea, usando un linguaggio diverso, arrivino alle stesse conclusioni sulla costituzione della materia, quale costituzione logica. "Che si utilizzi il linguaggio dei padri greci o quello della fisica contemporanea, la conclusione è questa: la realtà della materia costituisce un evento in atto, che è accessibile all'uomo in quanto possibilità di lógos. Il lógos umano incontra un altro lógos in seno alla natura. Così la conoscenza della natura è solamente ana-logica o, per meglio dire, 'dia-logica'. Ma il lógos caratterizza la persona, è la manifestazione della possibilità originaria dell'esistente prima di ogni altra possibile realizzazione 'ipostatica'. Esso è l'originale e l'indescrivibile, la coscienza di sé della persona, nella sua alterità e nella sua libertà, nella sua autorivelazione e nella sua manifestazione creatrice"[114]. Dinanzi, perciò, alla vita cosmologica in tutte le sue manifestazioni non c'è, in conclusione, che da lodare e ringraziare il Signore della vita, il creatore della vita, lo Spirito che dà la vita. Questa vita è pensata filosoficamente come filosofia della natura in F.W.Schelling, che coglie *la riconciliazione tra natura e spirito*[115] nel ricercare l'origine della natura stessa. "Solo se le scienze naturali esaminano la nascita delle leggi e dei meccanismi causali del processo naturale arrivano a scoprire l'affinità essenziale tra natura e spirito. Esse comprendono allora meglio perché lo spirito non sia nato come epifenomeno della materia, ma sia insito fin dall'inizio nelle strutture della natura come l'altra sua faccia. Le due sfere producono i loro oggetti mediante un'unica e medesima efficienza creatrice, cosicché da una lato la natura appare come lo «spirito visibile» e dall'altro lato lo spirito appare come la «natura invisibile»"[116]. *All'interno della pacificazione tra natura e spirito si pone la realtà della possibilità della libertà umana come esplicazione della complementarietà tra modo causale e finalistico di concepire la natura*[117].

E' il principio di libertà, perciò, che rende ragione del compiersi dell'uomo;

---

[113] Morandini S., *Spirito e creazione nella ricerca ecumenica,* in StEc 15 (1997) 422-423.

[114] Yannaras C., *la fede dell'esperienza ecclesiale. Introduzione alla teologia ortodossa,* Queriniana, Brescia 1993, 64.

[115] "La Natura deve essere lo Spirito visibile, lo spirito Natura invisibile. Qui dunque nell'assoluta unità dello Spirito in noi e della natura fuori di noi, si deve risolvere il problema come sia possibile una natura fuori di noi." Schelling F.W., cit. in Reale G.-Antiseri D., *Il pensiero occidentale dalle origini ad oggi,* vol.3, La Scuola, Brescia, 1983, 53.

[116] Schockenhoff E., *Etica della vita. Un compendio teologico,* Queriniana, Brescia 1997, 81.

[117] Schockenhoff E., *Etica della vita. Un compendio teologico,* Queriniana, Brescia 1997, 83.

libertà che è "tratto qualificante di un essere umano, che non è semplicemente il manifestarsi di una forma di vita in mezzo ad altre. In lui, infatti, l'e-sistere non è semplicemente quello della distinzione del mondo esterno, ma quello di chi è caratterizzato dalla libertà di scelta e dall'interpellazione che proprio a tale libertà si indirizza"[118]. *In questo si esplicita l'essere umano vivente, cioè, nella sua modalità etica in rapporto alle varie possibilità di scelta, sapendo che la vita cosmologica è caratterizzata dalla vita in quanto natura, dotata di valore*[119] ma, solo nell'uomo, "la vita sembra essersi 'ripiegata' su se stessa a tal punto da farsi auto-conoscenza cosciente, comunicabile ed espressiva in simboli"[120].

6.4 L'humanum morale e la vita extra-umana

In questa declinazione etica dell'*humanum* la relazione con la vita extra-umana da parte della libertà umana non sarà collocata semplicemente a livello di signoria, fine a se stessa, come se la vita cosmologica in quanto natura fosse intrinsecamente senza valore, e fosse semplicemente posta dinanzi all'uomo, affinché l'uomo la esautori di tutte le sue potenzialità ed espressioni. *La libertà etica della vita dell'uomo si esplicita, invece, come rispetto della dignità di vita presente in ogni realtà della vita cosmologica*, senza cadere nell'illusione irrealistica e sentimentalistica dell'etica di A. Schweitzer, dove il rispetto della vita extra-umana raggiunge modalità pratiche irrealizzabili da parte dell'uomo[121].

Si tratta, allora, di perseguire un'etica della vita che non assolutizzi o relativizzi la relazione etica con la vita cosmologica, senza dover esplicitarsi per forza o come biocentrica o come antropocentrica. *Un'etica della vita che si connoti, nell'interpretazione della vita cosmologica creata, come bio-antropocentrica, dove l'humanum etico si sperimenta come un'unità-di-vita-in-distinzione, all'interno di un'unità-di-vita-in-distinzione cosmologica, in gradazioni di vita biologiche diversificate, dalle più semplici alle più complesse, nella tutela della loro finalizzazione teleologica*[122]. In tal senso

[118] Morandini S., *Darwin e Dio. Fede, evoluzione, etica,* Morcelliana, Brescia 2009², 162.

[119] Per Jonas la natura ha degli scopi e questo stesso porre degli scopi da parte della natura è già un valore in sé.

[120] Morandini S., *Darwin e Dio. Fede, evoluzione, etica,* Mocelliana, Brescia 2009², 169.

[121] L'uomo vive un'etica rispettosa della vita cosmologica se la vita che si pone dinanzi a lui è sacra al punto che "non strappa alcuna foglia dell'albero, non spezza alcun fiore e sta attento a non calpestare alcun insetto. Quando in estate lavora di notte alla luce della lampada, preferisce tener la finestra chiusa e respirare aria stantia, piuttosto che vedere gli insetti cadere uno dopo l'altro con le ali bruciate sul suo tavolo." Schweitzer A., cit. in Schockenhoff E., *Etica della vita. Un compendio teologico,* Queriniana, Brescia 1997, 64.

[122] "Riconoscere la pluralità e la gerarchizzazione possibile della realtà vivente equivale innanzitutto a fare *l'elogio della differenza*, elogio, *a priori*, che non sarebbe a vantaggio di alcuna creatura in particolare. Se possono essere lette dal credente come riflesso della grandezza e della ricchezza divine, queste caratteristiche

allora, si può parlare di un'etica della vita bio-antropocentrica, dove il rapporto tra vita cosmologica e vita antropologica viene a collocarsi su di un piano di solidarietà e contemporaneamente di distinzione in modo da "riconoscere che gli esseri viventi extra-umani posseggono una loro finalità immanente. Su questo valore specifico proprio si fondano i nostri doveri morali verso gli animali e verso la vita della natura circostante. Il rispetto incondizionato dell'essere personale dell'uomo, della cui rivendicazione assoluta un'etica pratica della vita deve tener conto anche nei suoi giudizi concreti, non porta al di sotto di questo piano a comportarsi in maniera arbitraria con la vita extra-umana, bensì a valutare in maniera comparativa e responsabile i beni, valutazione comparativa che obbliga l'uomo a tener conto del benessere degli animali e dello spazio vitale necessario delle piante"[123].

del vivente sono anche il risultato dei fenomeni evolutivi, contrassegnati dalla contingenza, dalla selezione, dall'adattamento. L'essere umano non ha motivo di inorgoglirsi delle sue qualità intellettuali o fisiche: esse non sono che il risultato di un lungo e rischioso processo filogenetico, di uno sviluppo ontogenetico unico basato in particolare su un insieme di informazioni genetiche, infine di un'educazione socioculturale dalle profonde radici storiche." Arnould J., *La teologia dopo Darwin. Elementi per una teologia della creazione in una prospettiva evoluzionista*, Queriniana, Brescia 2000, 242-243.

[123] Schockenhoff E., Etica della vita. Un compendio teologico, Queriniana, Brescia 1997, 102.

Secondo capitolo
La vita dell'uomo nella teologia occidentale

Sia nella teologia occidentale sia in quella orientale la vita del cosmo ha come meta di senso la relazione esistenziale tra Dio e l'uomo, in quanto l'uomo prende coscienza di essere il tu privilegiato di Dio[124]. In questa visione la vita umana è colta come vita all'interno di un progetto salvifico cioè creata e redenta in Cristo, e come vita dotata di libertà[125]. Mi chiedo ora quali siano le *principali differenziazioni e accentuazioni a livello antropologico, cristologico ed etico che sono emerse nella storia teologica occidentale e orientale* così da stabilire alcuni criteri ermeneutici per giungere a comprendere la concezione post-umana della vita. Il metodo che ho scelto per questa ricerca inizia con la presentazione della visione antropologica, illuminata dal dato cristologico per approdare alla declinazione etica. Per

[124] "L'uomo 'sa' di esistere perché Dio stesso glielo ha rivelato; e deve accettare di esistere come un essere diverso da Dio, come creatura. La Parola creatrice e sovrana di Dio costituisce la conoscenza che l'uomo ha della realtà della sua esistenza in ciò che essa presenta di singolare. L'uomo, perciò, nella sua realtà e nella sua indipendenza, comprende che la propria esistenza non gli appartiene se non come libero dono della libertà di Dio. Dio è veramente indipendente; Dio solo si appartiene interamente; Dio solo vive in se stesso e per se stesso. La vita umana, creta per essenza, non appartiene all'uomo; è un bene che Dio gli affida per essere onorato. La vita non ha per se stessa uno scopo, per cui l'uomo non può disporre a suo piacimento; è destinata al servizio di Dio." Piva P., *La libertà di vivere secondo il comandamento di Dio,* in *StEc* 19 (2001), 428. Alszeghy Z.-Flick M., *Antropologia*, in *Nuovo Dizionario di Teologia*, Paoline, Alba 1976, 13-29; Sanna I., *Appunti di antropologia*, Ut Unum Sint, Roma 1979, 179-321.

[125] Qui è necessario con mons. Piva, rammentare la duplice valenza della libertà umana in quanto dono di Dio. Vi è "*la libertà davanti a Dio*. La vita è donata all'uomo in vista della libertà. La vita umana è un'esistenza reale, razionale, individuale, temporale e libera perché è stata creata tale da Dio; e tutto ciò in senso proprio. Ma appartiene ugualmente alla sua essenza che l'origine sia anche il suo fine. La vita non viene da Dio per avere il suo senso e il suo fine in se stessa. Essa tende a ritornare al suo punto di partenza. Se Dio si indirizza all'uomo in funzione del fine proprio dell'esistenza umana, la questione è chiara: l'esistenza è destinata dal Creatore ad essere 'un ascolto e un'ubbidienza'. Essa può disorientarsi da Dio, mai per 'natura' ma soltanto per 'nefas'. Perciò l'uomo non è il proprietario e il signore della propria vita. Il concetto cristiano di libertà cristiana la esclude. *La seconda determinazione dell'esistenza umana è data dalla libertà nella comunità.* E' chiaro: la vita è un bene proprio di ciascun individuo. La singolarità e la spontaneità gli appartengono alla natura stessa della vita fisica; ed è proprio a partire da questa caratterizzazione che ognuno riconosce che 'l'altro' è un suo simile. Scoprire la somiglianza significa scoprire la singolarità dell'altro, la sua libertà nel quale egli vive. Nessuno può vivere la propria vita personale se non nella solidarietà con coloro che devono pure vivere una vita personale. Le relazioni storiche e naturali dell'individuo con gli altri sono condizioni concrete nelle quali la solidarietà umana prende forma, si indirizza all'uomo in funzione della solidarietà dell'esistenza del singolo con l'esistenza degli altri. E' messo in evidenza un carattere che appartiene alla vita per natura: la sua destinazione alla comunità. Da questo punto di vista la vita ha come fine la libertà nella comunità, nella solidarietà con gli altri uomini. E' sarà soltanto per 'nefas' che la vita potrà cessare di essere una vita di solidarietà." Piva P., *La libertà di vivere secondo il comandamento di Dio,* in *StEc* 19 (2001), 430. Serenthà L., *L'antropologia dal punto di vista teologico*, in *Dizionario teologico interdisciplinare,* Marietti, vol.3, 523-536.

delineare l'etica teologica è necessario infatti conoscere il dato antropologico, letto in chiave cristologica. In alcune parti lo stile sembrerà ripetitivo, ma questo è dovuto al fatto che i concetti teologici hanno bisogno di essere ripresi e posti in relazione tra loro, così da presentarli in modo sinfonico. Per iniziare possiamo subito dire che l'Occidente ha subito un'influenza culturale filosofica di tipo platonico-agostiniano ma, sono state le idee filosofiche di stampo aristotelico[126] a permeare in profondità la teologia occidentale. Nella riflessione occidentale la vita nel suo darsi creaturale è stata pensata secondo la categoria di causa efficiente[127], nel senso che la vita si pone secondo modalità intrinsecamente proprie e autonome.

Questa visione porta con sè, a livello teologico, la questione del come devono rapportarsi tra loro la vita di Dio e la vita dell'uomo. Sembra quasi che queste due realtà, debbano essere pensate e vissute secondo declinazioni esistenziali indipendenti e assolutamente distinte tra loro, cioè, da una parte, abbiamo la vita di Dio e la sua grazia, dall'altra, la vita dell'uomo con la sua natura e la sua libertà. *In occidente la teologia ha posto l'accento, rispetto all'interpretazione orientale, sull'azione cristiana in quanto esperienza umana cioé sulla colpa, sulla responsabilità e sulla libertà dell'uomo nei confronti di Dio*[128]. Ponendo al centro l'uomo, è stato ineluttabile interpretare la sua vita o tutta dalla parte di Dio, relativizzandola, o tutta dalla parte dell'uomo, assolutizzandola. Si è posto in evidenza in merito alla questione della salvezza, or l'uno or l'altro dei termini del binomio, quasi si dovesse operare una scelta, o a favore della grazia o o a favore della libertà dell'uomo. Da una parte si è asserita la priorità della vita divina a scapito della dignità della vita dell'uomo, oppure, dall'altra si è elevata la libertà umana, riducendo,

---

[126] In quanto la teologia occidentale con l'avvento dei suoi scritti prende coscienza della "scoperta dell'importanza del patrimonio metafisico aristotelico in ordine all'approfondimento dei misteri della fede cristiana." Mondin B., *Storia della teologia, vol.2,* ESD, Bologna 1996, 245.Panteghini G., *L'uomo alla luce di Cristo*, 75-97.

[127] Infatti, a fondamento di questa interpretazione della vita antropologica nella teologia occidentale c'è "una diversa concezione dell'attività conoscitiva dell'uomo: quella orientale più simbolico-contemplativa, e maggiormente preoccupata della causa esemplare delle cose, quella occidentale più tesa alla ricerca della causa efficiente di ciò che esiste." Cazzago A., *Congar e l'Oriente cristiano,* in *Communio* 142 (1995) 42. Colombo G., *Uomo*, in *Nuovo Dizionario di Teologia*, 1846-1849.

[128] Questa visione trova la sua origine nell'antropologia soprannaturale di S.Paolo. "L'antropologia soprannaturale elaborata da Paolo, non tanto sotto l'aspetto ontologico quanto sotto l'aspetto esistenziale, soprattutto con i concetti di peccato, libertà, fede, giustizia, carità (agape), ha esercitato un influsso decisivo su tutti i successivi sviluppi dell'antropologia teologica, ma in modo particolare sulla antropologia patristica e scolastica e sulla antropologia riformata." Mondin B., *L'uomo secondo il disegno di Dio. Trattato di antropologia teologica,* ESD, Bologna 1992, 45. Serenthà L., *Antropologia dal punto di vista teologico*, in *Dizionario Teologico Interdisciplinare*, vol. 3, 523-534. Bof G., *Uomo*, in *nuovo Dizionario di Teologia*, 1860-1862.

parimenti, la signoria di Dio nella sua donazione salvifica. È questo il paradossale aut-aut, già presente nella controversia tra Pelagio e Agostino ma, che si svilupperà ed esploderà in tutta la sua intensità specialmente con la riforma protestante[129]. La visione pelagiana vede la vita dell'uomo in base a due modalità ermeneutiche, secondo le quali l'uomo nella sua vita può esercitare sia il bene sia il male[130]. *Dio,* nel suo essere, è estremamente giusto, per cui quando deve premiare o dare una punizione, *si comporta tenendo conto solo dell'azione umana.* Da ciò consegue che l'uomo nella sua vita è libero di eludere per sempre qualsivoglia colpa; in modo diverso il peccato non sarebbe attribuibile.

Inoltre, nella concezione pelagiana si distinguono il poter compiere il bene, la volontà e l'azione stessa. Dove si colloca, allora, la grazia nella vita dell'uomo? La possibilità di fare il bene viene da Dio come dono, che si esercita nella libertà. La volontà e l'azione sono specifiche dell'uomo. *La grazia nella vita dell'uomo si rivela semplicemente come opportunità di esercitare il bene e come un ausilio dato all'uomo*, per giungere all'imitazione della vita di Gesù Cristo, inteso come esempio, che orienta a Dio[131]. Questa

[129] Mc Grath A.E., *Il pensiero della Riforma,* Claudiana, Torino 1999[3], 86-88.

[130] "Secondo Pelagio Dio, dopo aver creato l'uomo ragionevole e libero, lo può solo aiutare dall'esterno o, se vogliamo essere più precisi, solo per via conoscitiva, insegnandogli ciò che deve fare, ma lasciando che sia l'uomo da solo a scegliere e a operare il bene o il male. (...) Ciò che Pelagio si rifiuta ostinatamente di ammettere, perchè a suo parere questo equivarrebbe a distruggere la libertà dell'uomo, è che mediante il dono dello Spirito Santo Cristo illumini la mente dei credenti e la riempia del suo amore divino, che permette di servire Dio come figli. A suo avviso la carità, come tutte le altre virtù morali, dipende unicamente dalla scelta libera dell'uomo e non si può chiedere in dono a Dio, perchè altrimenti Dio sarebbe responsabile dei nostri vizi." Cipriani N., *La regola di S.Agostino. Introduzione e commento,*Città Nuova, Roma 2006, 143. Sanna I., *Appunti di Antropologia*, 196-205. Panteghini G., *L'uomo alla luce di Cristo*, 68-74.

[131] La grazia divina nella visione pelagiana viene accentrata nell'atto creatore originario di Dio sia in senso creazionistico sia in senso storico-salvifico. La grazia divina perciò, viene ridotta al dono della nostra libertà intesa unicamente come dono originario della creazione. Perciò alla vita dell'uomo Dio, che è giusto e buono, non può comandare cose impossibili e quando deve premiare o punire, guarda solo all'azione umana. Infatti, in Pelagio è determinante "l'accentramento di ogni comprensione (creazionale e storico-salvifica) nella primaria trasmissione della grazia alla creatura mediante l'atto creatore originario. Anche se dopo il peccato originario la natura, 'bloccata' nella sua libertà verso Dio, ha bisogno dell'aiuto della legge e infine di Cristo, tuttavia Pelagio sottolinea che l'attività creatrice di Dio e la sua cura storico-salvifica a riguardo dell'uomo sono 'una operatio' (...) La grazia specificatamente cristiana viene sempre data allo scopo di restaurare e confermare la libertà originaria (certamente religiosa) dell'uomo. In altre parole: la religiosità interamente cristiana di pelagio ha un'espressione antropocentrica. Dio viene in aiuto dell'uomo caduto mediante il correcotorium della legge come se questa legge fosse uno specchio in cui possa vedere il suo vero essere e di nuovo aspirarvi di fatto. (...) Certamente Pelagio riconoscerà una pura (gratis) remissione dei peccati mediante Cristo, ma – obietterà Agostino – non una remissione la cui grazia interiore lo aiuta ad evitare nuovi peccati, e neppure una che stimola a pregare di non voler più cadere in tentazione. E di nuovo Cristo rimane soprattutto un exemplum, non in senso puramente esteriore, ma nella maniera in cui un modello significativo può influenzare potentemente il nostro intimo orientamento a Dio. Ed anche questo modello viene, un'altra volta, retrospettivamente riferito alla grazia primordiale della libertà nella creazione." (von) Balthasar H.U., *Teodrammatica. L'azione,* vol.4, Jaca Book, Milano 1986, 350-351.

interpretazione, che sfocia in una riduzione naturalistica della vita umana e che tende verso la richiesta di una radicale autosufficienza della vita dell'uomo nei riguardi della vita divina, viene contrastata da *Agostino*, il quale *asserisce l'assoluta essenzialità della grazia di Dio affinché l'uomo possa realizzarsi nella sua vita*[132]. Le motivazioni possono esplicitarsi nella causa del peccato delle origini[133], che viene colto come smarrimento della libertà nella vita dell'uomo di amare e di compiere il bene e nel partecipare ai beni particolari della vita umana, i quali non possono che rinvenire il loro essere nel Bene assoluto, in Dio. *La grazia nella vita dell'uomo si esplica come una potenzialità interiore, come aiuto che viene donato da Dio alla vita dell'uomo,* secondo modalità misteriose e immediate, affinché la vita dell'uomo possa essere guarita e vissuta nella dimensione della libertà[134] propria dei figli di Dio. Prima di tutto giunge, perciò, la grazia della vita di Dio.

Si può dire che Dio agisce sempre per primo nei confronti della vita dell'uomo, donando alla vita dell'uomo la grazia della libertà, prima ancora che l'uomo la esperisca come tale. Per Agostino la cosa che conta nella vita dell'uomo è quella di accogliere con semplicità e amore la salvezza, derivante dall'amore di Dio. Agostino afferma la priorità assoluta della trascendenza divina[135]. Ma come si concilia questo, con il fatto che la salvezza viene data ad alcuni mentre ad altri viene negata? La risposta a questo dilemma, per Agostino, rinvia alla questione della *predestinazione,* intesa come l'atto da parte di Dio che, nella sua assoluta grazia, in modo certo, decide di dare la salvezza a quelli che ha scelto. Ciò risulta insoddisfacente nei confronti del

---

132 "Agostino sottolinea talmente tanto l'importanza della grazia che è stato chiamato il «*doctor gratiae*».La grazia è il dono di Dio, dono immeritato, mediante il quale Dio spezza volontariamente il potere del peccato sull'umanità. La redenzione è possibile soltanto come dono di Dio. Non è qualcosa che possiamo effettuare da noi, ma qualcosa che dev'essere fatto da altri per noi. Agostino mette dunque in evidenza il fatto che le risorse per condurre l'umanità alla salvezza si trovano al di fuori di lei, in Dio. E' Dio colui che inizia il processo della salvezza, non gli uomini o le donne." Mc Grath A.E., *Il pensiero della Riforma,* Claudiana, Torino 1999[3], 87.

133 "Agostino riteneva di aver scoperto nella dottrina del peccato originale una soluzione profondamente razionale per risolvere il problema della grazia, fondata altresì sul testo biblico." Horn C., *Sant'Agostino,* Il Mulino, Bologna 2005, 32.

134 Grazia e libertà, per Agostino, non si escludono affatto: la teoria della libertà espressa nel *De libero arbitrio* contiene il concetto di grazia, esattamente come la più tarda dottrina della grazia contiene quello della libertà. (...) La dottrina del libero arbitrio sviluppata inizialmente e la posteriore dottrina della grazia non divergono, dunque, quanto ai loro concetti centrali, giacché entrambe negano che, senza il sostegno divino, la libera volontà dell'uomo possa mai raggiumgere la propria mèta. La loro differenza consiste semmai nel fatto che, in base alla alla prima, Dio salva coloro di cui prevede, nella prorpia onniscenza, che si rivolgeranno a lui, mentre, in base alla seconda, Dio li elegge in conformità a un suo giudizio insondabile." Horn C., *Sant'Agostino,* Il Mulino, Bologna 2005, 30, 31.

135 "Nell'eletto è soltanto Dio che agisce. Si darebbe così una «doppia predestinazione»: la redenzione o la dannazione sarebbero stabilite per ogni uomo fin dal principio e senza la sua partecipazione attiva." Horn C., *Sant'Agostino,* Il Mulino, Bologna 2005, 30.

dato biblico che, invece, rivela la volontà universale di Dio di donare a tutti la salvezza della vita divina. *Per Agostino la predestinazione*[136] *si pone come atto misterico da parte di Dio,* cioè come totale e radicale trascendenza e libertà dell'azione divina in rapporto alla vita dell'uomo. *Come si pone, perciò, la vita dell'uomo all'interno di questo assoluto agire trascendente e libero di Dio?* Nel periodo della scolastica l'introduzione delle *categorie teologiche di abito e di soprannaturale* cerca di rispondere a questo quesito, nel senso che il dono soprannaturale dello Spirito Santo non è sufficiente ad indicare tutta la realtà della grazia nella vita dell'uomo. C'è, per così dire, una realtà creata, una specie di abito in relazione all'essere umano per una reale trasformazione della vita dell'uomo. Dobbiamo ricordare che nel periodo della *scolastica* abbiamo la scoperta dell'aristotelismo che aiuta a comprendere la realtà della vita dell'uomo e quella della vita divina dentro un ambito ontologico, in cui la categoria di *abito* viene interpretata, come a*ccoglienza libera del dono della vita soprannaturale*[137]. Nella tarda scolastica con il *nominalismo*, le nozione di abito, quale vita dell'uomo, e di soprannaturale, quale vita di Dio, vengono pensate tra loro distanti, senza più effettiva relazione, quasi su due piani reificati e sovrapposti, come se *la vita di Dio fosse aggiunta, quale realtà esterna all'uomo*[138]. La vita dell'uomo si presenta allora in modo autonomo, come se il vero protagonista dell'accoglienza della grazia sia l'uomo, che, nella sua libertà, orienta la propria vita.

1. Antropologia protestante

Lutero e quanti si rifanno a lui, reagiscono a tale concezione e rileggono la posizione agostiniana, estremizzandola. *Lutero dice che l'uomo è assolutamente peccatore, è privo completamente della sua libertà, la sua volontà è incapace di fare il bene perché non può che fare il peccato.* "Davanti

[136] "Poiché gli essere umani sono incapaci di salvarsi da sé, e siccome Dio ha dato il dono della grazia ad alcuni, ma non a tutti, ne consegue che Dio ha «prescelto» coloro che sarebbero stati salvati. Riprendendo certi spunti di questa concezione che si trovano nel Nuovo Testamento, Agostino sviluppò la sua dottrina della predestinazione." Mc Grath A.E., *Il pensiero della Riforma,* Claudiana, Torino 1999[3], 87.

[137] "La grazia santificante era considerata come una qualità soprannaturale che, presupponendo l'ordine della natura, lo perfezionava e lo elevava. Tale qualità era considerata come un abito (qualità abituale) entitativo soprannaturale radicato nell'essenza stessa dell'anima, mentre nelle sue potenze si radicavano le virtù quali abiti operativi soprannaturali dai quali scaturivano gli atti soprannaturali." Ardusso F., *La fede provata,*Effata Editrice,Torino 2006, 399-400.

[138] In questa visione dei due piani "la grazia (il soprannaturale) è intesa come qualcosa di estrinseco, applicato alla natura dall'esterno per santificarla. La natura, viceversa, viene intesa come qualcosa che si muove in modo autosufficiente entro confini suoi propri, con una sua finalità." Mondin B., *L'uomo secondo il disegno di Dio. Trattato di antropologia teologica,* ESD, Bologna 1992, 125-126. Serenthà L., *Antropologia dal punto di vista teologico*, in *Dizionario Teologico Interdisciplinare*, vol.3, 523-535. Serenthà L., *Gesù Cristo, rivelatore del Padre*, Ut Unum Sint, Roma 1977, 119-164.

a Dio l'uomo è concepito in una situazione di peccato che con il tempo fa suo, assume, adotta, e attualizza. Quest'uomo è animato dall'amore di se stesso, è un *homo incurvatus* su di sé. Gli mancano la fede e il libero arbitrio nei confronti di Dio. In opposizione agli scolastici, il peccato diventa, infatti, un *defectus fidei*.

La ragione umana, dimentica della sua maestà originaria, si trasforma in una prostituta di Satana. L'uomo non è più libero per natura; non può prepararsi alla grazia; non può togliere gli ostacoli che lo separano da Dio"[139]. *Al centro della ricerca di Lutero c'era l'esigenza di conciliare la giustizia di Dio con la realtà dell'uomo, segnata indelebilmente dall'egoismo*, dall'amore di sé, dalla concupiscenza che impedivano all'uomo di raggiungere la salvezza mediante le proprie azioni[140]. Meditando la Bibbia e in modo particolare Romani 1,17, Lutero intuì che la giustizia che dà vita all'uomo non è quella di tipo attivo da parte di Dio, cioè quella delle ricompense e dei castighi. La verità era quella della *giustizia in prospettiva passiva, cioè quella del puro dono della misericordia di Dio, così che la vita dell'uomo peccatore, vissuta nella fede, potesse essere accolta, perdonata e assolta dalla vita giustificante divina*[141]. Questa vita giustificante della misericordia di Dio viene data gratuitamente mediante il dono della vita di fede, che proviene unicamente da Dio, il quale fa sempre, instancabilmente il primo passo in tale relazione esistenziale[142]. L'uomo, allora, deve semplicemente prendere coscienza che la sua vita è una vita in cui la salvezza non viene dalla sua capacità di fare il bene, dalle sue buone azioni morali ma, si pone come vita che si lascia amare, con piena e radicale fiducia, da Cristo che è l'autentico amore redentivo giustificante di Dio. *La vita può, perciò, essere letta solo in senso cristologico cioè, come vita che viene ricoperta dalla giustizia di Dio in Cristo, rivelatore dell'amore gratuito di Dio che fa essere giusto il peccatore pentito*[143]. Potremo dire che l'uomo nella sua vita trova di essere esistenzialmente un nulla nei confronti dell'amore misericordioso di Dio. Perciò non può che disperare di ottenere la

[139] Bertalot R., *Dalla teocrazia,* 56.

[140] "Questi segni evidenti del suo stato peccaminoso rivelano tutta la loro gravità quando si prende atto che non v'è nessuna via d'uscita. L'incarnazione è quindi necessaria e la sola alternativa possibile. Ciò che è impossibile agli uomini è possibile a Dio. Tutta la speranza dell'uomo risiede quindi nella giustificazione per fede, nel Dio che lo riabilita davanti a sé, ma questa possibilità è un dono inatteso, è un'iniziativa divina, mai una conquista dell'uomo. Soltanto lo Spirito Santo può prepararci alla grazia in quanto la grazia è sempre estranea (extra nos). Il segno del conferimento di questa grazia è la fiducia, mai la buona volontà, è la fede che ci costituisce persona davanti a Dio." Bertalot R., *Per dialogare con la Riforma,* LIEF, Vicenza 1989, 32.

[141] Rom 3,21-28.

[142] Mc Grath A.E., *Il pensiero della Riforma,* Claudiana, Torino 1999^3, 121-126.

[143] Iserloh E., *Riforma e Contro-Riforma*, in H.Jedin (a cura), *Storia della Chiesa*, vol. VI, Milano 1975, 37.

vita salvifica attraverso le sue sole forze, e contemporaneamente avverte che l'unica verità sulla sua vita è data dal doversi abbandonare alla vita di colui che solo può salvarlo cioè Gesù Cristo.

1.1 Desperatio fiducialis

Lutero per esprimere tutta questa esperienza spirituale che accade nella vita dell'uomo parla di «desperatio fiducialis», cioè di disperazione che contiene la realtà della fiducia verso l'amore di Dio, nata dalla fede ed espressa nella fede cristologica, posta in prospettiva escatologica[144]. Secondo tale modalità la vita di giustizia donata da Cristo imputa alla vita umana l'autentica giustizia, la quale non si esplica come proprietà umana di cui l'uomo possa disporre secondo il suo beneplacito ma, permane sempre come dono della grazia della vita misericordiosa di Dio, ricevuta per la fede, che a sua volta è sempre dono di Dio.

Questa espressione di fede si pone come radicale fiducia nei riguardi delle promesse della vita divina che sono rivelate dalla Parola di vita in Gesù Cristo, che si esprime coma Parola di vita annunciata e predicata. *Nella Parola di vita che è Cristo, vita eterna, si dà la verità salvifica come realtà vitale giustificante mediante cui l'amore di Dio ci considera veramente giusti e ci dona la vita ineffabile del paradiso.* Tutto nasce dalla vita di fede nella vita di Cristo e tutto diventa in Cristo anche nostro, in quanto giustificati per la vita della grazia di Cristo, nella fede.

1.2 Grazia e giustificazione

L'accadimento della vita della grazia è intimamente interconnesso, non tanto al disegno originario della vita di Dio, come per gli orientali, quanto alla vita dell'uomo peccatore. In altri termini, la grazia[145] della vita di Dio è essenzialmente intesa come grazia della giustificazione, giustificazione della vita dell'uomo; come un rendere giusta la vita di colui che non lo è, la vita dell'uomo peccatore. Possiamo chiarificare maggiormente *la grazia di Dio, colta come giustificazione della vita umana, dicendo che Lutero parla di non imputazione del peccato, di imputazione della giustizia di Cristo, di una giustizia estranea*[146]*, esterna a noi* perché "in questo progetto Dio riabilita l'uomo, lo costituisce persona mediante la Parola e lo Spirito *(extra* nos),

---

[144] Tale esperienza si presenta con una chiara connotazione escatologica in quanto "this *desperatio fiducialis*, this *futurum resurrectionis* is the only content or result of faith, as the disciples of Jesus Christ themselves discovered, in considering his fate." Pauck W., *Karl Barth. Prophet of a new Christiany,* Harper Brothers Printed , York (USA) 2007, 127.

[145] Mc Grath A.E., *Il pensiero della Riforma,* Claudiana, Torino 1999^3, 117-118.

[146] Mc Grath A.E., *Il pensiero della Riforma,* Claudiana, Torino 1999^3, 135-138.

ricostituisce in lui l'immagine di Dio e lo mette in cammino verso il Regno. Si tratta di un atto di grazia, di un dono mediante il quale Cristo diventa nostra giustizia"[147].

Come dobbiamo interpretare questa vita di Dio giustificante in Cristo? E' in realtà una giustificazione della vita umana effettiva o è meramente di tipo forense? *La giustificazione della vita dell'uomo, che Dio porta a compimento nella morte di Cristo e che l'uomo decide di accettare nella fede, è un agire che trasforma realmente ed effettivamente la vita dell'uomo peccatore e lo rende veramente giusto e amico di Dio - come per i cattolici -, oppure è semplicemente una dichiarazione giuridica che sentenzia giusto il colpevole?* Il concilio di Trento[148] e la Controriforma hanno letto la dottrina luterana della vita di Dio come giustificazione nei confronti della vita dell'uomo secondo l'orizzonte della giustizia forense, che si realizza in modo estrinseco. Anche in ambito cattolico, ricordo il Pesch[149], e in ambito ecumenico[150], si ammette la possibilità dell'incontro con la concezione protestante della giustificazione, tenendo presenti le due prospettive.

1.3 Giustificazione come relazione

Lutero non pensa alla grazia di Dio nei confronti della vita umana, come ad una nuova modalità d'essere e d'agire nell'uomo nel senso cattolico di grazia creata, di abito ma, come al relazionarsi benefico della vita Dio verso la vita dell'uomo. Questo rapporto tra la grazia della giustificazione di Dio[151] e la vita dell'uomo porta a determinati esiti circa la vita nel senso del suo pieno compimento. Però, queste conseguenze, questi esiti nell'essere e nell'agire dell'uomo non sono precisamente per Lutero la vita della grazia di Dio.

E' da sottolineare che la questione intorno al *rapporto tra la vita di Dio e quella dell'uomo* non si colloca tanto a livello di conoscenza circa il reale ed effettivo cambiamento della vita antropologica compiuto dalla grazia misericordiosa della vita divina, ma *si situa*, invece, *sul come, cioè, è relativo alle modalità ermeneutiche con cui deve essere concepita questa relazione*. La dottrina cattolica dice che la vita divina realizza, secondo la teologia scolastica, una trasformazione della vita umana su di un piano ontologico e

[147] Bertalot R., *Dalla teocrazia*, 56.

[148] Mc Grath A.E., *Il pensiero della Riforma,* Claudiana, Torino 1999^3, 142-148.

[149] Pesch O.H., *Azione della grazia di Dio come giustificazione e santificazione dell'uomo,* in *Mysterium salutis*, vol. 9, Queriniana, Brescia 1975, 296-407.

[150] Dialogo internazionale cattolico-luterano, *Dichiarazione congiunta sulla dottrina della giustificazione (25.6.1988) e Consenso sulla dottrina della giustificazione. Dichiarazione ufficiale comune e Allegato (31.10.1999),* in *EO/7*, 1831-1895.

[151] Fiume E., *Il protestantesimo. Un'introduzione,* Claudiana, Torino 2006, 44-47.

qualitativo della stessa. La teologia protestante, invece, adoperando un linguaggio più consono ad una concezione più esistenziale di tale rapporto, *lo descrive a livello di cambiamento di relazioni*[152].

C'è nell'ambito della teologia della Riforma, un'effettiva fatica ad affermare che la vita della grazia di Dio sviluppi e realizzi una nuova vita dell'uomo giustificato, secondo la categoria cattolica della grazia creata, cioè dell'abito prodotto dalla vita soprannaturale. *Tutto questo perché la teologia protestante desidera salvaguardare l'assoluta radicalità della misericordia di Dio, la quale si rivela in modo pieno nell'accettazione della vita dell'uomo peccatore, così come si presenta, addirittura, senza volere neppure che tale vita si trasformi in una vita giusta.* D'altro canto, il principio protestante del Dio totalmente altro[153], cioè l'assolutezza della trascendenza della grazia di Dio, deve restare grazia di Dio, anche nel momento stesso in cui si comunica alla vita dell'uomo, in quanto una volta divenuta accadimento reale nell'essere dell'uomo[154], il pervicace orgoglio dell'uomo non reputi che sia suo patrimonio, cioè che la vita provocata dalla vita giustificante di Dio sia opera sua[155]. Possiamo chiederci come mai la teologia protestante sottolinei così vigorosamente la grazia di Dio nella misericordia della sua giustificazione, al punto quasi da eliminare la dimensione della vita umana.

Possiamo dire che *Lutero aveva radicalizzato tale visione, proprio in risposta alla teologia scolastica, che, nel rapporto tra la vita di Dio e quella dell'uomo, voleva tutelare la realtà di cooperazione da parte dell'uomo*.

1.4 La grazia

Inoltre bisogna cogliere come Lutero comprendesse la questione relativa al *peccato delle origini*. Che ripercussioni ha provocato il peccato originale

[152] "L'odierna teologia protestante vorrebbe concepire l'uomo, nella scia di Martin Lutero, con l'aiuto di un'ontologia relazionale, che sostituisce l'idea di sostanza con la categoria della relazione. La sua è una concezione della realtà e dell'essere al cui centro non sta quel che un esistente è *in se* stesso, bensì quel che esso è nella relazione *con altri*. Applicato all'uomo ciò significa: l'uomo non è primariamente visto come singolo che sviluppa la propria vita autonoma nella relazione con altri, bensì lo sguardo si dirige in primo luogo sui rapporti esterni portanti e sulle «relazioni esterne» (G.Ebeling), mediante le quali soltanto egli diventa colui che è." Schockenhoff E., *Etica della vita. Un compendio teologico,* Queriniana, Brescia 1997, 139.

[153] "Nessuna strada dalla natura alla grazia; nessuna via dall'uomo verso Dio. Il percorso è rigorosamente a senso unico dall'alto verso il basso nell'evento della rivelazione di Dio che parla.Dio è e rimane il totalmente altro, ben distinto da quanto possono suggerire la mente e il cuore dell'uomo." Bertalot R., *Per dialogare con la Riforma,* LIEF, Vicenza 1989, 35.

[154] "L'essere dell'uomo è definibile solo come azione di Dio verso di lui; senza l'evento permanentemente attuale da parte di Dio, mediante cui il peccatore è «quotidianamente sempre più giustificato» (tesi 39), l'uomo non perviene al proprio essere. Schockenhoff E., *Etica della vita. Un compendio teologico,* Queriniana, Brescia 1997, 140.

[155] Luterani-Metodisti, *La chiesa comunità di grazia* in EO/1, 1157-1159.

nell'essere e nell'agire della vita dell'uomo? Prima di tutto, il peccato originale per Lutero è stato la causa del cambiamento radicale che ha irreparabilmente danneggiato e corrotto la natura dell'essere umano[156] e della vita umana, al punto tale che tra la *natura e vita dell'uomo e la vita misericordiosa della grazia divina sussiste ormai un abisso incolmabile.*

L'uomo e la sua vita sono colti ormai nella loro irrecuperabilità, e che la verità sulla libertà dell'uomo, nel suo darsi esistenziale, è andata smarrita[157]. La salvezza della vita dell'uomo è intesa come esito, causato dalla grazia di Dio, la quale, a prescindere dalle condizioni di peccato, non potrà mai esercitare un equilibrio simmetrico e armonico con l'essere umano, e far in modo così, che questo cooperi alla costruzione della vita dell'uomo nuovo[158]. *Nella sua misericordia, Dio ricopre l'uomo e la sua vita della giustizia di Cristo e l'uomo nella sua vita di fede, accoglie che sia unicamente Dio ad operare, abbandonando qualsivoglia richiesta di autogiustificazione. Possiamo capire come per Lutero, l'uomo e la sua vita si connotino secondo caratteri insieme giusti e peccatori.*

La vita umana su questa terra coglie nell'uomo giustificato una realtà che non è mai meramente giusta, senza essere sempre e nello stesso tempo, anche intrisa di peccato[159]. La vita dell'uomo si esplica così come accadimento sia della grazia giustificante di Dio e, parimenti, anche del suo giudizio, in quanto l'uomo è "*simul peccator ac iustus*, contemporaneamente peccatore e giusto, 'uomo vecchio' e ' uomo nuovo'"[160]. *Dove collocare, allora, la vita giustificata dell'uomo in modo totale e reale se non nella dimensione escatologica, nella speranza della piena realizzazione della vita umana? Che senso dare, perciò, alle opere buone nella vita dell'uomo?*

1.5 Le opere buone

L'opera buona della vita dell'uomo viene compresa come vita buona dell'uomo giustificato in Cristo perché 'l'uomo buono fa le opere buone'[161], ma queste *opere buone non rivelano una verità di merito nei riguardi della vita salvifica*

---

[156] L'uomo "non è, ma ricade nella nullità del peccato e della morte. Poiché l'azione di Dio non fa parte della definizione dell'uomo solo come un anello fra altri, ma è in maniera esclusiva la perfetta definizione dell'uomo, anche la sopravvivenza creaturale dell'uomo può essere fondata solo su Dio. Se esiste una continuità della persona umana al di là della frattura del peccato, ciò non è frutto della sua sostanza indistruttibile, bensì solo del fatto che essa è ancorata nella «continuità della fedeltà di Dio» (H. Thielicke)." Schockenhoff E., *Etica della vita. Un compendio teologico,* Queriniana, Brescia 1997, 140.

[157] Mc Grath A.E., *Il pensiero della Riforma,* Claudiana, Torino 1999[3], 126-130.

[158] Bof G., *Giustificazione*, in *Nuovo Dizionario di Teologia*, 1992-2003.

[159] Fiume E., *Il protestantesimo. Un'introduzione,* Claudiana, Torino 2006, 38-41.

[160] Bertalot R., *Dalla teocrazia*, 56.

[161] Bertalot R., *Dalla teocrazia*, 56. Fiore E., *Il protestantesimo. Un'introduzione,* Claudiana, Torino 2006, 51-53.

di Dio, ma si esplicano semplicemente come manifestazione della grazia della vita divina[162], la quale agisce efficacemente nella vita dell'uomo, non però con l'uomo e attraverso l'uomo[163]. Da questo significativo principio teologico cioè che *la grazia della vita divina agisce efficacemente nella vita dell'uomo, non però con l'uomo e attraverso l'uomo, possiamo rinvenire l'assoluto rifiuto di interpretare la chiesa e i sacramenti come accadimenti di valore umano*. Sorge, allora, spontanea una domanda relativa alla dimensione della mediazione dell'umanità di Cristo.

Lutero, ponendo in identità la natura della vita umana con la natura dell'uomo peccatore, ha estremizzato nella teologia occidentale il rapportarsi della grazia di Dio con la vita umana nel disegno salvifico della storia della salvezza, *opta*ndo, radicalmente, *solo per la vita misericordiosa della grazia di Dio giustificante*, colta come l'unica modalità con cui Dio ama la vita dell'uomo. Si tratta, pertanto, di riempire quell'abisso che divide la vita di Dio e quella umana, vuoto che viene colmato unicamente con un moto d'amore discendente della vita giustificante di Dio, *che non suppone il ritorno ascendente, perché si dà solo la donazione della vita divina, pienamente sufficiente per il compimento della vita dell'uomo.*

Dinanzi alla scelta tra Dio o l'uomo quindi, Lutero relativizza la realtà della vita umana per asserire in modo totalitario il primato della vita divina nel principio del *'Dio solo' insieme a quello della 'sola fede'. Il principio teologico del 'Dio solo' si realizza nel contesto spirituale della teologia della croce, dove la vita di Dio in Cristo si rivela nel nascondimento, nell'abbassamento, nell'impotenza, come stoltezza della croce*[164]. Colui che riesce a cogliere questa verità della vita di Dio in Cristo crocifisso interpreta in modo preciso il piano di Dio nei riguardi della vita dell'uomo, in quanto la salvezza della vita umana proviene solo dalla fede che la giustifica. *La realtà salvifica si manifesta solo nella fede in Cristo crocifisso*[165] *e non dalla pretesa di fiducia nelle potenzialità della vita dell'uomo; essa si pone esternamente all'uomo ed è colta a prescindere dall'agire dell'uomo.*

---

[162] Mc Grath A.E., *Il pensiero della Riforma,* Claudiana, Torino 1999^3, 129-130.

[163] In quanto "il discorso sulla sostanza dell'uomo non indica più una sua qualità, il modo inalienabile del suo possesso di se stesso, bensì una qualificazione che gli viene dall'esterno: il potere che lo fa sussistere e perdurare e da cui il suo essere completamente dipende. (...) La chiamata divina, in cui è fondato l'essere personale dell'uomo, è un evento verbale continuamente attuale, che non lascia più spazio alla sostanza creaturale dell'uomo." Schockenhoff E., *Etica della vita. Un compendio teologico,* Queriniana, Brescia 1997, 140, 141.

[164] Fiume E., *Il protestantesimo. Un'introduzione,* Claudiana, Torino 2006, 24-27.

[165] Kreck W., *Dogmatica Evangelica. Le questioni fondamentali,* Claudiana, Torino 1986, 84-87.

2. Cristologia protestante

Questa vita di Cristo può essere esperita solo attraverso la vita della croce di Cristo. Ma *cosa significa la vita della croce di Cristo?* Lutero quando parla della teologia della croce ha in mente l'esperienza della vita di Dio, quale autorivelazione della stessa vita divina, derivante dal Cristo crocifisso e ciò si esprime come luogo archetipo dove la vita di Dio si manifesta in pienezza[166]. Questa autorivelazione della vita dell'amore di Dio, però, si dona in modo antitetico rispetto alle categorie del pensiero umano, in quanto la trascendenza infinita e creatrice di Dio, la sua signoria regale si cela nel dato dell'incarnazione della vita del Figlio, nella realtà della finitudine dell'uomo-Gesù, il quale, kenoticamente, si annulla sino al totale annientamento di sé stesso con l'accadimento della morte di croce.

Nella vita in Cristo, la vita di Dio è nascosta e contemporaneamente rivelata: *la vita divina si dà nel nascondimento in Cristo che, nel momento stesso della sua più piena e definitiva manifestazione cioè nell'esperienza del mistero della croce, rivela la verità della vita di Dio insieme alla verità della vita antropologica in quanto vita di santità dell'uomo*[167]. Solo la croce di Cristo è la verità per la vita all'uomo. Anzi questa modalità rivelativa cioè *«sub contraria specie»*, cioè in modo contraddittorio, è l'autentica espressione dell'amore e della pietà del Padre verso l'umanità, in quanto nel Cristo crocifisso Dio diminuisce e vela la sua signoria regale affinché l'uomo possa intuire la vita divina, senza essere abbagliato dalla sua gloria[168].

2.1 La Parola di Dio

Specificato questo possiamo ribadire ancora quanto sia centrale la realtà della Parola di Dio come sacra scrittura[169]. *Per la vita del credente essa si pone come il tutto perché è la vera Parola di vita, che si è resa visibile nella persona di Cristo*[170]. Lutero, nel suo scritto 'La libertà del cristiano' dice che l'anima non ha nessun'altra cosa, né in cielo né in terra, per cui viva e sia pia, libera e cristiana, se non il santo Vangelo, la Parola di Dio predicata da Cristo, perchè "un cristiano non vive in se stesso, ma in Cristo"[171]. L'anima può fare a

[166] Blaumeiser H., *Martin Lutero e il cuore della fede cristiana*, in *Gen's* 6 (1995), 220-222.

[167] "E' dalla teologia della croce che Lutero deduce la sua immagine di santo, caratterizzata non dalla perfezione di un ideale realizzato, ma dalla concretezza di un uomo in carne e ossa, peccatore chiamato a essere santo." Vetrali T., *Il Santo e l'esperienza di Dio,* Paoline, Milano 2000, 249.

[168] Vercruysse J. E. , *Fede e Carità in Lutero*, in *Parola, Spirito, Vita* (1988) 17, 293-305.

[169] Packer J.I., *Scrittura*, in *Dizionario di teologia evangelica*, Editrice Uomini Nuovi, Marchirolo (VA) 2007, 658-663.

[170] Kreck W., *Dogmatica Evangelica. Le questioni fondamentali,* Claudiana, Torino 1986, 73-118.

[171] Lutero M., *De Libertate christiana*, §30, in *Scritti Politici*, 349-392. Circa gli scritti di Martin Lutero in lingua italiana ci riferiamo a *Scritti politici*, trad. it. Di G. Panzeri Saija in *Classici delle Religioni*, Utet,

meno di ogni cosa, fuorché della Parola di Dio e senza la Parola nessuna cosa le giova per la vita del cristiano. Lutero, infatti, si chiede quale sia la parola che dà una così grande grazia e come bisogna usarla. La risposta non è altro che la predicazione di Cristo come il vangelo la contiene. Questa predicazione di Cristo qui è intesa come il gioioso annuncio della vita di redenzione compiuta in Cristo[172]. Allora *la Parola di vita che annuncia la vita salvifica si esplica come l'annuncio della vita del Cristo salvatore, fondamento della fede e contenuto della vita stessa del credente.*

Da questo profondo legame con Cristo la fede sublima la vita pratica del cristiano in quanto è "la fede totalmente gratuita che informa le opere di carità."[173] Per tal motivo cogliere la dimensione etica e in modo specifico quella dell'azione bioetica della teologia luterana e degli altri riformatori significa situarsi in proiezione prettamente cristologica perché "per la fede l'uomo è liberato dalla coercizione di dover operare la giustificazione con le proprie forze. Ha la fiducia che Cristo ha soddisfatto al suo posto. Liberato da questa vana premura, può consacrarsi liberamente e spontaneamente a compiere la legge e a fare il bene."[174]

2.2 Giustificazione e santificazione

Per Calvino[175], Gesù Cristo è il luogo sorgivo di ogni riflessione teologica in prospettiva esistenziale. *Calvino vede Cristo quale punto di partenza e di conclusione sia per la vita di Dio sia per quella dell'uomo.* La prospettiva cristologica si rivela essere il criterio unico e compiuto di tutta la testimonianza di vita della Parola di Dio[176]. E' interessante notare che Calvino, come un leit motiv, ricordi la citazione paolina "Gesù Cristo è stato fatto da Dio per noi sapienza, giustizia, santificazione e redenzione"[177], perché "in questa frase vede riassunte le coordinate teologiche riferite a Cristo, anche se alcuni credono all'evangelo e altri non vi credono"[178]. Il cristiano, allora, nella sua vita non deve far altro che indirizzare il suo sguardo verso Cristo in modo

---

Torino 1978.

[172] *Scritti Politici*, 378s.

[173] Vercrujsse J.E , *Fede e Carità in Lutero*, 303.

[174] *Ivi*. Bellini A., *I sacramenti in genere e battesimo e cresima nel protestantesimo antico e moderno*, in *Il Protestantesimo ieri e oggi*, a cura di Piolanti A., Ferrari, Roma 1958, 1010-1012. Per esempio, nell'eucaristia luterana il pane e il vino "non sono solo strumenti che rinviano ad un significato spirituale che li trascende ma sono essi stessi strumenti di comunicazione." Tourn G., *Introduzione a 'Il piccolo trattato sulla S.Cena' nel dibattito sacramentale della Riforma*, Claudiana, Torino 1987, 21. Vercruysse J.E., *«Causa Reformationis». La storia della Chiesa nei secoli XV-XVI*, PUG, Roma 1990^2, 98.

[175] Bertalot R., *Dalla teocrazia al laicismo*, 61-67.

[176] Mc Grath A.E., *Il pensiero della Riforma,* Claudiana, Torino 1999^3, 141-142.

[177] 1 Cor 1,30

[178] Mc Grath A.E., *Il pensiero della Riforma,* Claudiana, Torino 1999^3, 156.

che tutta la sua esistenza sia informata dalla partecipazione all'amore misericordioso della vita di Dio in Cristo. *La vita nuova del credente è caratterizzata dal suo abbandonarsi a Cristo, cioè, dall'accadimento della vita dell'uomo in Cristo, che nello Spirito Santo si compie, dando all'uomo la vera capacità di ascolto e di accoglienza della Parola di Dio predicata*[179]. Tutto questa movimento esistenziale si traduce come vita nella fede e, parimenti, si specifica come la giustificazione e la santificazione della vita del cristiano[180].

La vita di Gesù Cristo è il principio ermeneutico mediante il quale accade l'autentica trasformazione dell'uomo in vista della traduzione nella vita pratica delle Parole di vita del Vangelo. *Allora, quando possiamo dire di essere sicuri che la nostra vita sia indirizzata verso la dimensione salvifica? Solamente quando il nostro punto focale, quando l'ottica interpretativa della vita umana è il Cristo morto e risorto.* Concretamente ciò vuol dire che il cristiano prende coscienza che la vita giustificante proviene dalla vita di redenzione operata da Cristo. Di conseguenza, si esperisce una vita di liberazione dal peccato, si comprende che Cristo ci dona la vera libertà per seguire e attuare nel contesto delle azioni umane, volontariamente e con amore, la volontà di Dio[181]. *L'amore di Dio giustificante in Cristo presente nella vita dell'uomo si declina, pertanto, come esistenza che nei rapporti umani si connota come vita sociale nella giusta volontà di Dio.* Fede ed opere non si danno come fossero tra loro distinte, come fossero poste su due piani tra loro incomunicabili, come due modalità poste in successione.

Per Calvino tutto nella vita si rivela come fede, in quanto tutta la vita trova la sua scaturigine solamente nella realtà del Cristo morto e risorto. *Tutta la vita, perciò, in Calvino è in sé stessa cristologia e trova maturazione piena solamente come cristologia, predicata rettamente e ricevuta con fede*. Questa vita in Cristo si dà come una nuova esistenza che, in quanto tale, si connota come cristiana, all'interno di un cammino sacramentale, che è mistero, segno ed evento della presenza di Cristo[182].

---

[179] Bertalot R., *Per dialogare con la Riforma,* LIEF, Vicenza 1989, 49-50.

[180] Santificazione intesa mediante la vita vissuta della Parola dell'evangelo e i sacramenti. Mc Grath A.E., *Il pensiero della Riforma,* Claudiana, Torino 1999^3, 213-217. Kreck W., *Dogmatica Evangelica. Le questioni fondamentali,* Claudiana, Torino 1986, 302-303.

[181] Bertalot R., *Dalla teocrazia al laicismo*, 64

[182] "Il protestantesimo riconosce soltanto due sacramenti, perché esplicitamente ordinati da Gesù e richiamanti la partecipazione ai benefici del suo sacrificio espiatorio: il battesimo e la Cena del Signore." Fiume E., *Il protestantesimo. Un'introduzione,* Claudiana, Torino 2006, p. 48. Nella teologia sacramentale evangelica, il sacramento si pone come mistero, segno ed evento della presenza di Gesù Cristo. Infatti, "secondo la concezione riformata, il sacramento acquista il suo carattere di evento non attraverso l'opus

Anche *la teologia di Zwingli*[183]*, riformatore di Zurigo, è categoricamente fondata su Cristo, inteso come la vita dell'uomo, mediante il quale tutto è stato creato e redento.* L'unica cosa che deve fare il credente, allora, è quella di porsi alla sequela della vita cristologica perché solo così Cristo può ricreare nella vita del cristiano l'immagine della vita di Dio inquinata dal peccato. *Tutta la Bibbia per Zwingli deve essere interpretata secondo un orizzonte cristologico.*

Tutto ciò che dice la Scrittura sulla vita di giustificazione operata dalla grazia misericordiosa mediante la fede, sulla realtà della vita predestinata, sull'azione della vita di Dio[184] che ci dona la libertà da noi stessi e ci dà la possibilità, perché liberi, di rispondere al suo amore con una vita di servizio per lui, hanno la loro vera origine e il loro senso solo nella vita redentrice di Gesù Cristo, all'interno di un itinerario sacramentale pedagogico-spirituale in Cristo[185].

---

ecclesiale, ma è lo stesso Dio, il quale si comunica nell'evento della sua parola, che rende il sacramento un evento. (...) Gesù Cristo è l'unico sacramento, non solo della Chiesa, ma di tutta l'umanità" in quanto "realizza storicamente la decisione originaria di Dio e all'interno dell'umanità ne fa rilucere la verità. Questo accade nella forza del suo spirito, dello Spirito Santo." Così la chiesa "ripete in modo secondario quello che nella storia di Gesù Cristo si è realizzato in modo primario: la rappresentazione della originaria decisione divina nello spazio e il tempo", sapendo che "ciò si esprime in modo particolare nelle celebrazioni sacramentali del battesimo e dell'eucaristia, due celebrazioni dell'unico sacramento, che è Gesù Cristo, per rappresentare al mondo la sua storia." Jüngel E., *Essere sacramentale in prospettiva evangelica,* Cittadella editrice, Assisi 2006, 131,151,153,155,167. Ora, per Calvino nei sacramenti "Cristo è reso presente solo dalla fede per opera dello Spirito (...). Calvino attribuisce quindi ai sacramenti soltanto un ruolo conoscitivo, (...) in quanto vi è una separazione corporale del Cristo dalla sua comunità in questo periodo provvidenziale che passa dalla morte di croce alla parusia finale. Per Calvino il Cristo è assente. L'incontro con il Cristo allora non è procurato dalla realtà del mondo, ma esclusivamente dallo Spirito, fuori del sensibile, il quale ha soltanto il fine di testificare e simboleggiare questo incontro avvenuto fuori di esso." A. Bellini, *I sacramenti in genere e battesimo e cresima nel protestantesimo antico e moderno* in *Il Protestantesimo ieri e oggi*, 1039-1040. In Calvino, nell'eucaristia della Cena del Signore "il pane resta pane ed il vino vino, senza che si operino trasformazioni o congiungimenti del tipo transustanziazione o consustanziazione, ma il segno sacramentale è tale che là dove lo si incontra, si incontra la realtà spirituale che esso significa." Tourn G., *Introduzione a Il "Piccolo trattato sulla S.Cena" nel dibattito sacramentale della Riforma*, Claudiana, Torino 1987, 43.

[183] Bertalot R., *Dalla teocrazia al laicismo*, 69-73.

[184] Mc Grath A.E., *Il pensiero della Riforma,* Claudiana, Torino 1999^3, 150-152.

[185] Bertalot R., *Dalla teocrazia al laicismo*, 69-73. Circa la relazione tra Cristo e i sacramenti ecclesiali per Zuinglio "i sacramenti non esercitano nessuna mediazione reale, né condizionano la grazia dell'uomo; la loro causalità sull'uomo è soltanto psicologica e pedagogica in quanto di essi si serve la fede dell'uomo per potenziarsi ed esprimersi meglio." A. Bellini, *I sacramenti in genere e battesimo e cresima nel protestantesimo antico e moderno* in *Il Protestantesimo ieri e oggi*, 1042. Il significato dell'eucaristia in Zuinglio è che "la nostra salvezza non è rappresentata dal Cristo «mangiato», cioé dalla grazia sacramentale, ma dal Cristo creduto, cioé offerto in sacrificio per noi; quando infatti Gesù dice: «la mia carne è vero cibo», indica la sua persona data in sacrificio e non il pane del sacramento." Tourn G., *Introduzione a Il "Piccolo trattato sulla S.Cena" nel dibattito sacramentale della Riforma*, Claudiana, Torino 1987, 24. Infatti per Zuinglio "l'eucaristia è una 'manducatio spiritualis'. Le cose materiali sono mezzi indegni per essere messe in contatto con le realtà spirituali. Necessari sono solo lo spirito e la fede. La fede non si muove nell'ambito del sensibile e del corporeo; essa non ha nulla in comune con questo. La Cena è un ricordo della redenzione ed un atto di ringraziamento della comunità, che diventa così 'corpo di Cristo.'" Vercruysse J. E. , *«Causa*

Anche la visione ecclesiologica e l'etica politica zwingliana sono centrate sulla dimensione cristologica, perché Gesù Cristo è l'autentico signore sia della Chiesa che dell'umanità. Mi sembra doveroso ricordare il celebre teologo *K. Barth* che coglie la vita cristiana in senso biblico[186], in tutte le sue declinazioni come la vita di Dio intorno a Cristo[187]. *Non vi può essere, perciò, vita senza cristologia, non vi può essere azione umana[188] se non ancorata in Cristo*. Come, d'altra parte, non posso non rammentare J. *Moltmann e la sua teologia della speranza*[189], dove la vita in Cristo viene interpretata e vissuta secondo il principio escatologico della speranza, fondata sul Cristo morto e risorto, che dà l'autentico senso di verità all'attuale agire del credente verso la promessa della visibiltà escatologica della vita nella sua compiuta interezza.
L'autentica novità colta dalla *teologia protestante* deve essere trovata nella riscoperta della *sola Scrittura*, quale esclusiva fonte di senso normativo per la vita dell'uomo che si esplicita come dottrina ecclesiale. Si sa che tutta la rivelazione biblica trova la sua completa sintesi nella persona di Cristo; per tal motivo parlare del principio protestante della sola scrittura significa asserire il principio ermeneutico del *solo Cristo* in quanto coincidenti perfettamente. Lutero diceva, infatti, che l'unico annuncio predicato dovesse essere la persona di Cristo, in modo tale che l'anima sia unita a Lui[190].
Parlare della centralità della vita in senso cristologico vuol dire porre Cristo, quale referente in ordine alla verità della vita per l'uomo in quanto tale. Tutta la teologia protestante è vigorosamente cristologica, fondata sulla realtà ed esistenza del Cristo; posta in senso biblico, quale vita di Dio per l'uomo. Cristo è la vita fattasi uomo in Gesù di Nazareth[191], è la vita di Dio stesso con noi[192], l'Emmanuele, il Cristo-Messia della vita dell'Antico Testamento. E' la vita che è morta per i nostri peccati ma, risorta per noi, secondo la Parola di

---

Reformationis, Editrice Pontificia Università Gregoriana, Roma 1990², 97-98. Mc Grath A.E., *Il pensiero della Riforma,* Claudiana, Torino 1999³, 201-209.

[186] Bertalot R., *Per dialogare con la Riforma,* LIEF, Vicenza 1989, 51-54..

[187] Barth K., *Dogmatica Ecclesiale*, Il Mulino, Bologna 1968, 91-97. "Il messaggio cristiano non conosce e non proclama nient'altro all'infuori di Cristo. Cercare l'immanenza di Dio fuori di Cristo significa essere prigionieri di altri dèi. Non esistono temi cristiani autonomi. Senza Cristo la teologia è una filosofia. Non è qualcosa di diverso: è nulla e nel culto siamo soli." Bertalot R., *Per dialogare con la Riforma,* LIEF, Vicenza 1989, 18. Kreck W., *Dogmatica Evangelica. Le questioni fondamentali,* Claudiana, Torino 1986, 234-236.

[188] Webster J., *Barth's Moral Theology. Human Action in Barth's Thought*, T&T Clark, Edinburgh 1998, 125-150. Piva P., *L'evento della salvezza fondamento dell'etica,* Edizioni Messaggero, Padova 1997,175-184.

[189] Moltmann J., *Teologia della speranza. Ricerche sui fondamenti e sulle implicazioni di una escatologia cristiana,* Queriniana, Brescia 2008⁸

[190] Lutero M., *Scritti politici*, 372-373. G. Scuderi, *La cristologia nel Protestantesimo* in *Credere Oggi* 11(1982) 57-66.

[191] Mt 1,21.

[192] Mt 1,23.

vita delle Scritture[193], vita assunta in cielo dove intercede e regna vivente presso Dio[194] come Signore della vita, alla destra del Padre.

Perciò *confessare la vera vita di Dio per l'uomo significa confessare la vita che è Gesù Cristo Signore[195], la vita della fede cristiana perché Gesù è la seconda persona della Trinità, il Figlio unigenito di Dio Padre, la piena manifestazione della vita di Dio per la vita dell'uomo, del mondo, della storia di tutta l'umanità.*

Da queste premesse teologiche possiamo dire che la la grazia di Dio[196] si esplicita in un'ottica di benevolenza da parte di Dio che agisce in modo misericordioso verso la vita dell'uomo e lo rende giustificato e santo[197].

3. L'etica protestante

L'etica nasce dall'ascolto della Parola[198], inizia dall'ascolto del Vangelo, che è la Parola di Vita in quanto tale, del Cristo proclamato, quale Signore, datore della vita. L'etica promana dall'appello evangelico che ha come conseguenza la liberazione dal nostro egoismo. L'ascolto della Parola di Vita è parola di liberazione prima di tutto da se stessi. Provoca in noi l'attenzione per l'altro uomo, cercatore della vita di Dio, della vita di Cristo. *L'etica ha perciò origine dall'ascolto della Parola di Dio in se stessi, in quanto la verità dell'etica si colloca nell'interiorità del cuore dell'uomo in ascolto. L'etica, allora, prima di porsi come questione sociale, è una domanda di vita, che si esperisce a livello di responsabilità personale, dove la libertà dell'uomo rinviene il suo significato esistenziale.*

3.1 L'uomo, 'larva Dei'

L'etica coinvolge tutta la vita dell'uomo, così da intuirne la significatività della sua esistenza.[199] Lutero coglie la vita dell'uomo davanti a Dio e quella

---

[193] 1 Cor 15,3-4.

[194] Rom 8,34.

[195] At 2,36; Fil 2,11.

[196] Wells P., *Grazia,* in *Dizionario di teologia evangelica*, Editrice Uomini Nuovi, Marchirolo (VA) 2007, 331-333.Linz M., *Grazia*, in Schultz H.J., (a cura), *Dizionario del pensiero protestante,* Queriniana, Brescia 1970, 245-251.

[197] "Secondo i protestanti, quindi, non ci può essere altra prospettiva nell'interpretazione della santità se non all'interno dell'annuncio della giustificazione del peccatore, per cui il santo è il peccatore giustificato, il peccatore risvegliato, il grande peccatore che si getta nelle braccia di Dio e obbedisce in maniera radicale alla sua pòarola. Esula da questa propspettiva, quindi, il concetto di un progresso nella santità." Vetrali T., *Il Santo e l'esperienza di Dio,* Paoline, Milano 2000, 249-250.

[198] Fuchs E., *L'apporto dell'etica teologica al dibattito bioetico*, in *Studi ecumenici* 13 (1995) 481-489. Fuchs E., *L'éthique protestante. Historie et enjeux*, Les Bergers et les Mages, Labor et Fides, Paris-Genève 1990. Piva P., *Attualità della questione etica per l'οικουμενη,* in *StEc* 22 (2004) 78-82. De Chirico L., *Etica*, in *Dizionario di teologia evangelica*, Editrice Uomini Nuovi, Marchirolo (VA) 2007, 258-260.

[199] Bertalot R., *Fondazione biblico-teologica dell'etica: prospettiva protestante* in AA.VV., *Questione etica e impegno ecumenico delle chiese*, Edizioni Dehoniane, Napoli 1986, 57-70. Bertalot R.,, *Verso una morale*

dell'uomo davanti al mondo. La vita dell'uomo è pensata nel peccato[200], come una vita egoistica, una vita che trova l'autentico rimedio alla sua situazione di degrado esistenziale solo grazie all'incarnazione di Gesù Cristo, che si attua come Parola di vita proclamata, come atto di grazia, cui l'uomo è incapace di risposta adeguata. *La vita autentica dell'uomo sta solo nella relazione esistenziale che Dio instaura con la vita di Cristo ma, è una vita in divenire, dove vita nuova, quella dell'uomo nuovo e vita vecchia, quella dell'uomo vecchio, coesistono, in quanto l'uomo è insieme giusto e peccatore*[201].

L'uomo crede ma rimane sempre mendicante dinanzi a Dio. Per tal motivo, l'ascolto della Parola di Vita è espressione di contraddizione nella vita dell'uomo, perché il giusto si pone innanzitutto come accusatore di se stesso, della sua stessa vita. *Questo dato teologico è fondamentale per interpretare il contesto dove si situa l'etica in ambito protestante.* Per quanto concerne la vita dell'uomo dinanzi al mondo, Lutero la vede come espressione della 'larva Dei', cioè dell'uomo, che vive questa vita nel mondo ma, *la Parola di Vita, cioè la vita di Cristo data nella fede, suscita in questa larva, azioni di santità, provocate dall'amore di Dio misericordioso.* L'atto di fede si pone, quindi, come limite tra il visibile della vita dell'uomo, della 'larva Dei' e l'invisibile della vita dell'amore di Dio in Cristo.

3.2 L'etica sospesa

Altro principio teologico per leggere il contesto dell'etica cristiana nel protestantesimo è dato dall'interpretazione della legge, dove per legge intendiamo il decalogo, il discorso della montagna e le altre prescrizioni, in quanto l'etica si dà come vita vissuta dei comandamenti, dei precetti evangelici, cioè del volere di Dio, che deve essere calato nella situazione esistenziale. Per cogliere l'appello del Dio della vita all'interno della sua legge di vita, c'è sempre bisogno di convertirsi alla Parola di vita della grazia

della responsabilità, EDB, Bologna 1972, 49-197.

[200] Ciò deriva dal peccato originale che è "«una corruzione profonda della natura, che nessuna ragione può conoscere e che può essere creduta soltanto in base alla Scrittura della Rivelazione». (...) All'affermazione che il peccato dev'essere creduto si lega facilmente un'altra, che cioé esso consisterebbe essenzialmente nell'allontanamento da Dio e che quindi avrebbe per radice l'incredulità. Questa intuizione è presente anche in Lutero. La cogliamo in primo luogo nel fatto che tutti i peccati vengono fatti risalire alla 'disobbedienza' del primo uomo, che appunto per questo avrebbe perduto, la comunione 'originaria' con Dio.(...)In secondo luogo si lega appunto sull'incredulità per definire il peccato anche quando le forme in cui il peccato si esprime sono inserite nella sequenza dei dieci comandamenti, per cui fin dagli inizi abbiamo una inosservanza del primo comandamento che si concreta nella «incredulità, falsa fede, idolatria» e pure nella mancanza di timor di Dio." Pannenberg W., *Antropologia in prospettiva teologica,*Queriniana, Brescia 1987, 102-103.Kreck W., *Dogmatica Evangelica. Le questioni fondamentali,* Claudiana, Torino 1986, 337-343.

[201] Kreck W., *Dogmatica Evangelica. Le questioni fondamentali,* Claudiana, Torino 1986, 319-323.

perché il peccato non è manifestato tanto dalla legge ma dalla grazia[202] di Dio e, *la legge di vita di Dio non può essere letta, come un programma da eseguire o un codice autogiustificante per la vita dell'uomo.* Non c'è una modalità unica per riconoscere il bene e il male da un brano biblico, in quanto la vita cristiana è azione pneumatologica che non può essere, pertanto codificata *Non si può costruire un'etica della vita cristiana, anzi si dovrebbe parlare di una sospensione dell'etica della vita, come suggerisce Kierkegaard, allorché riflette sul sacrificio d'Isacco*[203].
Anche Barth, dinanzi al dilemma della scelta tra il bene e il male, suggerisce tale prospettiva in quanto non si può cogliere l'etica da un'antropologia immanentistica e generale[204]. *L'etica si pone semplicemente come luogo d'incontro con la Parola di vita che è Cristo e da questa relazione con Cristo il credente discerne il bene o il male dell'azione esistenziale*[205]. In questo senso Emil Brunner pensa che l'etica filosofica non possa sostenere alcun esito autentico al problema del bene e del male ma, solo in Cristo[206], l'etica viene colta come volontà di Dio in quanto il bene consiste sempre nel fare ciò che Dio vuole in qualunque momento. Infatti, *l'etica in Cristo è la scienza della condotta umana in quanto determinata da Dio; perciò, nella teologia protestante, l'etica si dà, prima di tutto, come questione di fede.*
La riflessione etica è itinerario d'ascolto della Parola di vita in Cristo; si pone cioè come premessa all'incontro con la Parola di vita del Vangelo. Nella

[202] Barth K., *Dogmatica*, VI,1,2, Labor et Fides, Genéve 1966. Tutto ciò perchè "il limite essenziale di ogni antropologia filosofica è l'incapacità di cogliere la radicalità del male.(...) *E' la rivelazione di Dio l'unico fondamento dell'antropologia.*(...) L'antropologia va fondata sulla cristologia, perchè per conoscere l'uomo bisogna rivolgersi all'unico luogo in cui egli è reale. (...) Noi, dunque, siamo ciò che siamo indirettamente, a partire da Cristo e solamente in lui. *Noi siamo...in Cristo!* Questa è l tesi fondamentale della teo-antropologia: noi siamo noi stessi (ossia creature di Dio), ma in altro." Cerasi E., *Il paradosso della grazia. La teo- antropologia della grazia,* Città Nuova, Roma 2006, 166, 170-171.

[203] Kierkegaard S., *Timore e Tremore*, in *Opere*, a cura di C. Fabro, Sansoni, Firenze 1972, 51-78.

[204] Webster J., *Barth's Moral Theology*, 11-41. "Chi si occupa di etica non deve sostituirsi a Dio che comanda o all'uomo che è chiamato ad ubbidire. Ogni suggerimento, fatto di norme, non può che offrire pietre a chi ha bisogno di pane. L'etica, in quanto teoria della pratica, non ha nulla a che fare con la programmazione della vita dell'uomo, ma deve solo ricordargli l'incontro con Dio e la responsabilità diretta che ne deriva. E' in quell'incontro che egli si determina nel bene o nel male, nell'ubbidienza o nella disubbidienza, nella libertà o nella perdita della libertà. L'etica diventa quindi «una parola preliminare», un ammaestramento, in attesa dell'evento della libera grazia, un centrare l'attenzione dell'uomo, sempre disorientato, sul punto in cui, nella libertà di Dio, si ode la parola, il comandamento e il giudizio." Bertalot R., *Per dialogare con la Riforma,* LIEF, Vicenza 1989, 64.

[205] "Il problema etico come tale, cioè come risposta umana autonoma, non esiste più. Non si tratta di andare alla ricerca di ciò che è bene e di ciò che è male, perchè al credente la risposta è già stata data in Gesù Cristo. L'unico problema è quello di credere e pertanto di ubbidire. L'etica teologica attesta la risposta che è già stata data in Gesù Cristo." Piva P., *L'evento della salvezza fondamento dell'etica,* Edizioni Messaggero, Padova 1997, 181-182.

[206] Brunner E., *The Divine Imperative. A study in Christian Ethics,* The Lutterworth Press, Cambridge, 2002, 80-114.

teologia protestante si parla, allora di *sospensione dell'etica, proprio per porre l'accento sul fatto che, per discernere una vera etica per la vita umana, il credente deve stare dinanzi al Dio della vita, dinanzi alla sua Parola di vita, in un atteggiamento che si rivela senza alcuna norma di tipo morale, senza programmi etici prefissati. L'etica, in quanto riflessione morale, si trova davanti alla Parola del Dio della vita come provvisoria, interinale*[207]*, sospesa tra il ricordo della salvezza operata da Cristo, che si attualizza nella Parola e l'attesa della vita, dopo la morte, donata sempre dall'ascolto della Parola.* Solo così la Parola di vita in Cristo illumina l'azione esistenziale del cristiano: *l'etica, in quanto prescrizione normativa, non può intaccare la salvezza ma, secondo tale dinamica, situa l'azione di vita dell'uomo su un piano di responsabilità etica.*

In altri termini, la salvezza avviene nel ricordo della salvezza, non della ricompensa che deriva dalle nostre azioni, in attesa della morte,[208] perché la vita di Dio, in Cristo Risorto, ha già vinto la morte. Per questo l'etica accade nell'incontro con la Parola che dà senso vero alle azioni dell'uomo. Ciò che vale, allora, è porsi alla sequela della conoscenza del dono della vita che viene a noi dal Cristo Risorto, vincitore della morte, perché è il Risorto, incontrato nella Parola, il fondamento della verità dell'etica.

3.3 Il modello cristologico

a. Incarnazione Il primo dato teologico che deriva dal modello cristologico è l'accadimento dell'incarnazione di Dio in Cristo[209]. L'etica, partendo dall'evento dell'incarnazione cristologica[210], assume come prima conseguenza una pregnante e significativa valorizzazione della datità corporea dell'uomo vivente. *Il corpo vivente, nel modello cristologico, è luogo di Dio, dello Spirito di Dio che, in tal modo, è uno con l'anima.*

L'etica, secondo tale modello, diventa anche espressività della sessualità umana, in quanto la vita si dà e si coglie in modo costitutivamente differente nell'essere umano come uomo e donna. L'etica, nell'ermeneutica

[207] "Sappiamo che il nostro essere e la qualifica della nostra azione si decidono soltanto nell'incontro con Dio. L'ora fissata non è a nostra conoscenza. Il Signore può sorprenderci come un ladro di notte: ne ha il diritto e la libertà. *Noi viviamo nel ricordo di questo momento e in attesa di quello successivo, fino alla fine dei nostri tempi.* (....) Se si può parlare di etica tra il ricordo e l'attesa si dovrà parlare di *un'etica interinale,* cioè tra i due tempi. (...) L'etica interinale è l'etica del tempo in cui ancora si muore e nel quale si possono porre segni di protesta e di vita a causa di quello che abbiamo appreso alla scuola della Parola, nella riconoscenza, nella vigilanza, nella responsabilità e nella disponibilità." Bertalot R., *Per dialogare con la Riforma,* LIEF, Vicenza 1989, 66,67,68.

[208] Bertalot R., *Verso una morale della responsabilità*, 61-76.

[209] Fuchs E., *Significato attuale dell'etica protestante*, in *Protestantesimo* 48 (1993) 74-79; Fuchs E., *I fondamenti dell'etica. Un'interpretazione protestante*, in *Studi Ecumenici* 7 (1989) 357-367.

[210] Bonhoeffer D., *Cristologia,* Queriniana, Brescia 1990[2.], 89-93.

dell'incarnazione cristologica, si rivela anche etica dell'unicità dell'esistenza umana nelle sue coordinate temporali e spaziali: reale avvenimento dell'incontro con Dio in Cristo e, nella fede della risurrezione dei corpi, trasfigurazione della vita al di là della morte[211]. *L'evento dell'incarnazione cristologica, quale kenosi dell'amore di Dio nel Figlio, è fondamento della dignità dell'uomo*, che nella fede[212] riflette l'immagine dello stesso figlio di Dio. Inoltre, il dato kenotico dell'abbassamento cristologico di Dio esprime visibilmente nell'etica, *l'insopprimibile uguaglianza della dignità di ogni uomo*, a prescindere dal suo stato o situazione esistenziale.

L'etica si pone, perciò, come esperienza di incontro in Cristo con tutti gli uomini anche i più lontani, i più smarriti, i più indifesi e abbandonati, perché si presenta, nella teologia protestante, come reale conquista del rispetto della dignità dell'uomo, espresso dall'amore agapico[213]. Il dato cristologico dell'incarnazione si pone, allora, quale basilare principio teologico per la *formulazione protestante dell'etica, che possiamo già da ora descrivere, come l'etica che rinviene nella vita dell'uomo, la realtà stessa di Cristo, o per esplicitar meglio, che ritrova nell'esistenza concreta dell'altro l'inalienabile dignità, che gli proviene dall'amore di Dio in Cristo, in quanto l'altro-è-come-me-ma Dio è come l'altro*[214].

b. Crocifissione Il successivo principio teologico che il modello cristologico offre nell'elaborazione dell'etica lo cogliamo nell'evento della crocifissione, in cui Dio in Cristo assume in sé l'esperienza del dolore, in modo particolare del dolore innocente. L'etica cristiana si pone come dimensione esperienziale del

---

[211] "La fede cristiana non è nemica della corporeità. Come la speranza cristiana nella risurrezione si rivolge alla trasfigurazione di questa esistenza terrena e non invece alla sua soppressione, così la condotta cristiana di vita, motivata dalla speranza nella vita del Cristo risorto, accoglierà in maniera positiva la vita presente con tutte le sue potenzialità, certo ora da una prospettiva nuova, non più vincolata in maniera decisiva all'egoismo e dunuqe soggetta alla morte." Pannenberg W., *Fondamenti dell'etica. Prospettive filosofico-teologiche,* Queriniana, Brescia 1998, 179.

[212] "La fede viene dunque precisata nella sua struttura essenziale, che è quella della fiducia: ogniqualvolta noi manifestiamo fiducia, 'abbandoniamo noi stessi' e contiamo si chi o su ciò che merita il nostro affidamento. Fidandoci, rendiamo la nostra stessa esistenza dipendente da chi o da ciò che merita la nostra fiducia." Pannenberg W., *Antropologia in prospettiva teologica,*Queriniana, Brescia 1987, 77.

[213] "In tali opere si esprime di fatto l'amore del prossimo, ma la sua radice affettiva consiste nella benevolenza o – detto in termini neotestamentari – nell'agape." Pannenberg W., *Fondamenti dell'etica. Prospettive filosofico-teologiche,* Queriniana, Brescia 1998, 116.

[214] In quanto "la questione dell'uomo è strettamente legata alla questione di Dio, (...) con l'idea dell'immagine divina nell'uomo, idea che sta appunto a significare come l'uomo possa giungere interamente a se stesso soltanto vivendo la propria relazione con Dio." Inoltre "l'essere nell'altro', tipico del carattere oggettuale del rapporto con le cose, presenta la medesima struttura dell'*extra-nos* della fede. In entrambi i fenomeni si osserva che l'uomo non solo si rapporta a qualcosa che sta al di fuori di lui, ma anzi vi 'si immedesima', si riscopre nell'altro in cui potersi poi anche ritrovare." Pannenberg W., *Antropologia in prospettiva teologica,*Queriniana, Brescia 1987, 79, 78.

mistero paradossale della sofferenza, in quanto *in Cristo crocifisso*[215], *espressione suprema del dolore innocente dell'uomo fatto proprio da Dio-Amore, il dolore e la morte diventano luogo di salvezza, rivelazione della verità dell'amore di Dio per noi*[216].

In Cristo crocifisso l'etica trova la sua scaturigine propulsiva per la lotta contro la sofferenza innocente e ingiusta degli uomini, riconoscendo in tale esperienza, la possibilità di un incontro contraddittorio col mistero di Cristo, un appello ad uscire da se stessi per andare verso quell' "altro diverso da sé" che sta soffrendo e morendo. *Il dato cristologico della crocifissione, allora, specifica l'etica quale autentica risposta alla questione del dolore innocente,* risposta che si realizza storicamente come impegno responsabile dell'uomo, come aiuto, come prossimità d'unità in Cristo, verso coloro che soffrono e che lottano affinché la vita sia declinazione esistenziale di dignità umana[217].

c. **Risurrezione** Intimamente legata all'accadimento della crocifissione troviamo la realtà della risurrezione che si dà come l'esito finale dell'etica della vita, perché se Gesù non fosse risorto la vita dell'uomo credente sarebbe assurda e la sua esistenza morale sarebbe fondata sul vuoto[218]. La vita dell'uomo si esperisce in modo sociale, una socialità ordinata all'interno di un sistema politico con le sue istituzioni.

Il principio della risurrezione di Cristo demitizza il sistema politico nel quale l'uomo vive la sua situazione esistenziale. *La signoria del Cristo Risorto*[219] *dà all'etica della vita il criterio ermeneutico per desacralizzare la dimensione totalizzante del potere politico, iniziando da quello imperiale dei primi secoli alle ideologie del secolo scorso, all'attuale ideologia relativista.* La vittoria del Cristo risorto sulla morte sostiene l'etica nella traduzione di tale signoria a livello di distinzione e rispetto degli ambiti specifici tra religione e politica, nel senso che nelle scelte esistenziali morali bisogna "rendere a Cesare ciò che

---

215 "Egli è nella perdizione come noi, ma per il fatto che è LUI ad essere nella perdizione, noi per suo mezzo siamo salvati." Bonhoeffer D., *Cristologia,* Queriniana, Brescia 19902, 96.

216 Moltmann J., *Il Dio crocifisso,* Queriniana, Brescia 1990^{4}, 313-327.

217 Webster J., *Barth's Moral Theology*, 151-178.

218 Molto interessante è in questo senso la ricerca dello statuto epistemologico del discorso teologico in Pannenberg, sintetizzabile in tre momenti. Il primo è relativo alla dinamica doxologica-prolettica presente in ogni asserto teologico. La dimensione doxologica dell'affermazione teologica vuole rispondere alla domanda sull'identità di Dio; mentre quella prolettica si pone in dimensione dell'avvenire dell'uomo e del mondo. Il secondo momento rintraccia nella risurrezione di Cristo il luogo dove orizzonte doxologico e prolettico si ritrovano. Il terzo stadio è relativo alla prospettiva etica inerente a quella prolettica."Il *terzo asserto* epistemologico è offerto dall'implicazione del significato etico nel significato prolettico. In risposta alla domanda: come sarà il mio futuro e il futuro del mondo?, l'asserto teologico implica anche l'interrogativo: che cosa devo fare per il mio futuro e per il futuro del mondo?" Piva P., *L'evento della salvezza fondamento dell'etica,* Edizioni Messaggero, Padova 1997, 190.

219 Moltmann J., *Il Dio crocifisso,* Queriniana, Brescia 1990^{4}, 206-227.

appartiene a Cesare e a Dio ciò che appartiene a Dio"[220], senza confondere i due piani per il discernimento etico. *Questo dato è molto importante nell'ambito della declinazione dell'etica nella teologia protestante perché ci porta a pensare in modo più chiaro il rapporto che si è venuto a creare tra protestantesimo e modernità*[221].

3.4 La legge morale

Nell'etica protestante la legge morale, essendo l'uomo in uno stato di corruzione a causa del peccato originale, si presenta in una situazione completamente differente rispetto alla creazione di Dio[222]. *La legge morale perciò è la volontà di Dio rivelata dalla Parola di Dio, che ci coscientizza sulla nostra realtà peccaminosa e che, in Cristo e con Cristo mediante la fede, ci ricrea nella forma della testimonianza evangelica*[223]. L'etica, allora, trova il suo legame con la legge morale nella Parola di Dio, parola che deve essere accolta direttamente dall'autorità di Dio secondo il libero esame, senza mediazioni di tipo umano. Si situa come responsabilità del credente nel suo discernimento morale esistenziale, che non fonda la sua condotta di vita su leggi promulgate dalla chiesa ma, sulla legge derivante dalla Parola di Dio[224].

---

[220] Mt. 22,21. Pannenberg W., *Fondamenti dell'etica. Prospettive filosofico-teologiche,* Queriniana, Brescia 1998, 195-212.

[221] Fuchs E., *L'éthique protestante. Historie et enjeux*, Les Bergers et les Mages, Labor et Fides, Paris-Genève 1990, cc. 8-9. "Il protestantesimo si è compreso come una forma religiosa adeguata alla modernità; ne ha accompagnato la nascita e lo sviluppo." Piva P., *Attualità della questione etica per l'οικουμενη,* in *StEc* 22 (2004) 80.

[222] Goffi T., *Fede cristiana e coscienza morale*, in AA.VV., *Questione etica*, 229-235

[223] "In una prospettiva protestante, il messaggio del quale la Chiesa è portatrice risuona anzitutto, anche sul piano etico, nella forma della testimonianza: il suo contenuto non è la legge di natura, bensì l'annuncio di grazia e di liberazione dell'evangelo." Ferrario F., *La legge naturale nella teologia protestante,* in *Rivista di Teologia Morale* 159 (2008) 322. Pannenberg W., *Fondamenti dell'etica. Prospettive filosofico-teologiche,* Queriniana, Brescia 1998, 107-158.

[224] "Dal momento che i riformatori fanno della giustificazione per mezzo della sola fede il principio fondamentale di interpretazione della Scrittura, essi si trovano inevitabilmente ad affrontare il problema della legge. Quantunque siano diverse le connotazioni del concetto di legge, tuttavia in un punto sembrano convergere: la legge designa ciò che l'uomo deve fare. Perciò, quando i riformatori sostengono che la giustificazione è per la sola fede, sono ricondotti a ripensare in modo nuovo la funzione della legge. La fede non è un'opera; è una relazione. Credere non significa fare qualcosa, ma accettare che Dio abbia fatto, accettare che Egli faccia, lasciarlo fare. *Infatti, l'uomo non potrà fare se non in rapporto a Ciò che Dio ha fatto, che fa e farà.* Si tratta, dunque,per i riformatori di mettere la legge in relazione all'intera opera di Dio, *extra nos, pro nobis, in nobis.* In una parola: del Dio trinitario. Dunque, dal principio ermeneutico fondamentale: la giustificazione per sola fede, nasce il problema della legge. Ma come affrontare un tale problema? Come è possibile collocare la legge all'interno della rivelazione scritturistica? Un punto sembra acquisito per i riformatori: esiste una sola Parola di Dio, la quale è legge ma anche vangelo. I termini *legge e Vangelo* non dividono in due parti la rivelazione biblica: la prima relativa all'Antico testamento, la seconda relativa al nuovo. Il termine *legge* può designare, in maniera totale, la volontà di Dio nella sua opera creatrice, riconciliatrice e redentrice. La legge e il Vangelo, dunque, costituiscono due modi diversi secondo i quali l'unica volontà di Dio raggiunge l'uomo. In relazione al vangelo, la legge ha tre funzioni, secondo i riformatori: a) convincere il peccatore a riconoscere i propri peccati; b) mantenere la disciplina e l'onestà

Nell'etica il credente protestante deve elaborare da se stesso un giudizio etico circa le scelte morali, confrontandole con le esigenze della legge dell'evangelo, ritrovandosi perennemente e responsabilmente in ricerca etica.

3.5 La responsabilità

Essere responsabili significa pensare la realtà esistenziale, partendo dal concreto della vita. Ma qual è il concreto a cui invita Gesù? Gesù, per esempio, indica che il sabato è stato fatto per l'uomo e non l'uomo per il sabato, cioè vede *l'uomo concreto*, non tanto il principio astratto, che ha valore se rinvia all'uomo vivente, visto nel suo significato escatologico[225].

L'uomo vivente è intriso di dolore, di violenza, votato al male e alla morte; prende coscienza del peccato presente in se stesso però, si ritrova nel suo discernimento esistenziale, *artefice di speranza*, la quale lo porta a compiersi come persona umana[226]. Il principio responsabilità si declina secondo lecoordinate dell'esperienza dell'*interdipendenza*[227] nell'ottica della *benevolenza*[228].

Qualsiasi opzione etica non si specifica solamente in modo soggettivo ma, si interfaccia con un intreccio di relazioni spazio-temporali, che la situano in un

---

esterne fra gli uomini; c) condurre l'ubbidienza dei fedeli." Piva P., *L'evento della salvezza fondamento dell'etica,* Edizioni Messaggero, Padova 1997, 163-164..

225 Pannenberg W., *Fondamenti dell'etica. Prospettive filosofico-teologiche,* Queriniana, Brescia 1998, 109-113. Con la visione di responsabilità in ottica protestante, scaturente dal Vangelo, concorda il prof. Piva. "Essere eticamente responsabile significa prendere sul serio la realtà concreta. Gesù non si stanza mai di ricordare che il sabato è stato fatto per l'uomo e non l'uomo per il sabato. La legge orienta agli altri; ed è questo concreto A(a)ltro che occorre prendere sul serio, non la difesa dei principi. Ciò non implica la negazione dell'esistenza di norme astratte o di leggi. Secondo il richiamo della Scrittura i principi hanno senso perché ci rinviano all'A(a)ltro; esige che ognuno si lasci sconvolgere, come testimonia la parabola evangelica del Buon Samaritano. Prendere in considerazione la realtà, significa accogliere il carattere drammatico dell'esistenza umana, votata alla morte, anticipando frequentemente, con la sua violenza, le sofferenze che essa infligge o subisce o il male che l'opprime senza apparente ragione." Piva P., *La struttura dell'etica teologica e gli attuali dissensi tra le chiese nella prospettiva di un ecumenismo della santità*, in *Quaderni di Studi Ecumenici* 18 (2009) 132.

226 Fuchs E., *L'éthique protestante. Historie et enjeux*, Les Bergers et les Mages, Labor et Fides, Paris-Genève 1990, cc. 8-9

227 "Essere eticamente responsabile, significa valorizzare l'interdipendenza. Una decisione etica, anche quando è frutto di una scelta personale, si inscrive sempre in una rete di relazioni spaziali e temporali, che la nutrono, la condizionano, le conferiscono legittimità. Il fatto che ogni decisione deve tener conto del contesto, ci spinge ad una certa umiltà. Siamo infatti coscienti di essere condizionati nelle nostre scelte, sulle quali possiamo esercitare un certo controllo. Ma esiste anche ciò che ci condiziona, senza che noi ne siamo coscienti. Di conseguenza, risulta che le nostre decisioni sono sempre parziali, precarie, suscettibili di revisione." Piva P., *La struttura dell'etica teologica e gli attuali dissensi tra le chiese nella prospettiva di un ecumenismo della santità*, in *Quaderni di Studi Ecumenici* 18 (2009) 132-133.

228 Perché "ovunque il comportamento degli uomini sia improntato a benevolenza, è possibile cogliere un riverbero dell'amore divino e della autentica umanità, aperta alla relazione con il prossimo: per questo l'uomo è stato creato, essendo stato fatto in Adamo a immagine di Dio, immagine che è realizzata pienamente nella persona di Gesù Cristo." Pannenberg W., *Fondamenti dell'etica. Prospettive filosofico-teologiche,* Queriniana, Brescia 1998, 127.

determinato contesto. Cogliere il *contesto* in cui si colloca una decisione significa avere in se stessi un approccio di *umiltà*, in quanto la realtà entra, coscientemente o incoscientemente, nel darsi di una scelta morale. Per questo l'etica protestante presuppone decisioni in se stesse dotate di parzialità e perciò bisognose di aggiornamento e verifica. Inoltre, il principio dell'interdipendenza conduce a favorire il discernimento degli altri elementi in questo modo l'alterità provoca il rispetto della dignità altrui verso una *responsabilità di tipo comunitario*[229].

In tale dinamica le responsabilità soggettive trovano valore come dono d'amore nella libertà, perché non si danno come scelte etiche, fondate su un conformismo morale che accoglie in modo passivo l'opinione dominante ma, si realizzano come *scelte originate da un confronto nella carità di Cristo*[230]. Nell'essere eticamente responsabili il *rispetto dell'alterità*, inoltre, si rivela come richiesta assoluta e radicale di riconoscimento esistenziale, in quanto è la mia scelta etica per la vita che rende rispettabile la dignità della vita dell'altro uomo. *Il rispetto si pone, dunque, nell'etica della vita protestante, come incondizionato, perché si dà come vita da rispettarsi.*

Se il riconoscimento del rispetto dell'alterità promuovesse una maggior condivisione e cooperazione sociale, favorendo, perciò, i legittimi interessi delle persone coinvolte, è sempre la mia scelta morale a favore della vita dell'altro che ne sancisce il valore[231]. *Se non vi fosse questa attenzione dell'alterità, questo amore verso la vita dell'altro uomo, non ci sarebbe etica della vita. Questa carità verso la vita dell'altro origina dal fatto che Dio ha manifestato il suo amore per me grazie all'amore di Gesù Cristo, che ha sperimentato, addirittura, l'abbandono sulla croce per essermi prossimo e*

---

[229] "Inoltre il riconoscere il valore dell'interdipendenza porta a decisioni consensuali, frutto di una deliberazione in cui sono presi in considerazione moltissimi elementi; e questo, si dovrà convenire, costituisce una grande ricchezza. Interdipendenza significa che ciascuno rappresenta per gli altri una sfida etica: il rispetto degli altri è messo così direttamente alla prova. Se la sfida è cosciente, allora, l'apprendistato di un'etica comunitaria può avere inizio. Ed è proprio così che la responsabilità si esercita in modo comunitario." Piva P., *La struttura dell'etica teologica e gli attuali dissensi tra le chiese nella prospettiva di un ecumenismo della santità*, in *Quaderni di Studi Ecumenici* 18 (2009) 133.

[230] Fuchs E., *L'éthique protestante. Historie et enjeux*, Les Bergers et les Mages, Labor et Fides, Paris-Genève 1990, cc. 8-9. "Il Vangelo non cessa mai di ricordarci che possiamo manifestare agli altri l'amore, proprio perché e prima di tutto è stato manifestato a noi. *Voi potete amare perché io vi ho manifestato il mio amore, dice Dio. Perché io mi sono avvicinato a voi in Gesù Cristo, come il buon samaritano si è avvicinato al ferito, anche voi potete, a vostra volta diventare prossimo agli altri.*" Piva P., *La struttura dell'etica teologica e gli attuali dissensi tra le chiese nella prospettiva di un ecumenismo della santità*, in *Quaderni di Studi Ecumenici* 18 (2009) 134.

[231] In quanto "ciò che fonda il rispetto per gli altri, è il rispetto per se stessi. Questo è possibile perché l'abbiamo riconosciuto presente in uno sguardo, nella parola o in un gesto di altri nei nostri confronti." *Ivi.*

quindi per valorizzare il rispetto della dignità della mia vita[232]. Il principio di responsabilità nell'etica protestante nasce, quindi, da una dimensione di reciprocità, che teologicamente affonda le sue radici nella prossimità di Dio verso l'uomo, cioè nella rivelazione dell'amore di Dio per la vita umana, manifestata dall'esistenza di Gesù Cristo.

3.6 La coscienza morale

Questa responsabilità a livello etico si esplicita come coscienza morale. Sappiamo che c'è differenza tra coscienza e conoscenza[233]. La conoscenza ha una funzione di oggettivizzazione del dato conosciuto in quanto lo porta a distinguersi materialmente dalla persona conoscente. La coscienza, invece, attiene alla dimensione soggettiva perché si pone come relazione tra la persona, le situazioni e i valori da vivere; è un ricercare la propria relazione verso Dio e gli altri. La coscienza etica in quanto cristiana è teonoma. *E' ascolto di Dio nello Spirito di Cristo*[234]*; è ritrovare se stessi e la propria vita in prospettiva della volontà di Dio*[235]*; è ascolto-memoria dell'evento redentivo di Cristo*[236]*, della sua Parola*[237]*, riespressa nel tempo presente*[238].

Da questo si evince che la coscienza morale è specificatamente discernimento spirituale. Allora, *l'etica protestante sostiene che nella dinamica morale non si dà luogo ad un percorso che va dalla ragione alla fede ma, partendo dall'atto di fede, ci si dirige direttamente alla conoscenza etica.* La fede si prospetta, perciò, quale momento profetico della ragione, sottolineandone la causa prima, cioè l'opera salvifica da parte di Dio[239]. L'azione esistenziale umana, in questo rapporto di fede con Dio, vive nella grazia divina, in quanto l'etica è opzione di fede, che non si può predeterminare entro un orizzonte solamente umano.

---

[232] Dignità della mia vita che consiste nella reale comunione trinitaria in quanto in Cristo crocifisso, abbandonato e risorto "l'uomo è accolto nella vita e sofferenza, nella morte e risurrezione di Dio, e prende vitalmente parte, nella fede, della pienezza di Dio. Non esiste nulla che lo possa escludere dalla situazione di Dio: dal dolore del Padre, dall'amore del Figlio e dall'impulso dello Spirito. La vita nella comunione di Cristo è vita piena, condotta nella situazione trinitaria di Dio." Moltmann J., *Il Dio crocifisso,* Queriniana, Brescia 1990[4], 325. "Ora, nessuno dice la Scrittura, è abbandonato da Dio, qualunque sia il suo smarrimento o la sua colpa. Uno solo in realtà ha potuto fare l'esperienza dell'abbandono radicale: Cristo sulla croce. 'Mio Dio, mio Dio perché mi hai abbandonato?' E proprio perché Gesù Cristo ha esperimentato l'abbandono al nostro posto non c'è nessuno che sia sul punto di dover perdere ogni rispetto di sé." Piva P., *La struttura dell'etica teologica e gli attuali dissensi tra le chiese nella prospettiva di un ecumenismo della santità*, in *Quaderni di Studi Ecumenici* 18 (2009) 134.

[233] Goffi T., *Fede cristiana e coscienza morale*, in AA.VV., *Questione etica*, 229-235.

[234] Ef 5,15-18.

[235] Mt 17,16-17; Col 1,9; 2 Tim 2,7; Ef 3,4.

[236] 2 Tim 2,8.

[237] Mt 24,35.

[238] 1 Cor 11,20.

[239] Infatti, "fede nella creazione ed escatologia sono connesse nella visione di Gesù." Pannenberg W., *Fondamenti dell'etica. Prospettive filosofico-teologiche,* Queriniana, Brescia 1998, 111.

La coscienza etica, in questo processo spirituale in Cristo, è più intenzionalità di sequela nel fieri storico salvifico, più che un adeguarsi a norme; è un rendere ragione della speranza che è in noi, nel compimento del mistero escatologico della vita.

4. Antropologia cattolica

Nella questione tra Dio e l'uomo in vista della salvezza, Lutero ha optato per l'azione della grazia di Dio, colta come la sola possibile risposta alla sua radicale e pessimistica visione sulla vita umana. L'interpretazione cattolica scolastica sulla grazia conteneva una perniciosa idea pelagiana, la quale, ponendo al centro la libertà e la vita operosa dell'uomo, portava alla convinzione dell'autogiustificazione salvifica da parte dell'uomo. *La teologia cattolica sulla grazia*[240] *è maturata gradualmente nel corso della storia*, esito di un processo teologico che inizia con l'idea agostiniana della grazia, quale aiuto donato da Dio affinché l'uomo realizzi una vita buona, scandita da opere buone. Questa sviluppo continua e si puntualizza nell'epoca scolastica con la concezione dello stato di grazia e si perfeziona attualmente, accentuando la forte azione pneumatologica intorno alla relazione tra la vita di Dio e quella umana. *Al tempo di Lutero la prospettiva sulla grazia era quella di stampo scolastico, che partendo dalla concezione agostiniana, la interpretava secondo modalità originate dalla metafisica aristotelica.*

Questo movimento teologico, che pone al centro il dato ontologico[241], secondo il quale l'agire dell'uomo viene dopo l'essere della vita stessa, si compie primariamente con l'idea della *grazia, intesa come aiuto. Dio, con la sua grazia, aiuta la vita dell'uomo ad esprimersi esistenzialmente in modo salvifico, solo se accade un autentico cambiamento dell'essere dell'uomo come anima spirituale*[242]. In tale orizzonte la vita umana diventa autentica, in quanto riesce, con l'aiuto grazia, a compiere atti secondo una prospettiva salvifica.

4.1 Una trasformazione ontologica

Questa trasformazione, nel senso di nuovo accadimento a livello ontologico e poi etico della vita umana, è certamente attuata dalla grazia divina, però, in

[240] Panteghini G., *L'uomo alla luce di Cristo,* 163-188.

[241] Dato ontologico come ontologia della sostanza umana, "la dignità ontologica dell'uomo quale sostanza individuale dotata di una natura razionale, nonché la sua qualità unica di essere 'perfettissimo' tra tutti gli esistenti." Schockenhoff E., *Etica della vita. Un compendio teologico,* Queriniana, Brescia 1997, 139.

[242] "Quando parliamo dell'anima di un uomo indichiamo l'area protetta della sua intimità e del suo essere specifico, che deve rimanere al riparo dalla presa sociale. L'espressione e il concetto di 'anima spirituale' indica quindi l'uomo come persona, in quanto egli sta in se stesso e forma il proprio centro, attorno a cui tutto si organizza e diventa il suo mondo particolare." Schockenhoff E., *Etica della vita. Un compendio teologico,* Queriniana, Brescia 1997, 138-139.

sinergia con l'opera umana, e così viene a porsi come grazia creata, in quanto non si può identificare, ipso facto, solo come azione derivante da Dio[243]. Bisogna sottolineare, tuttavia, che le categorie aristoteliche colgono la verità antropologica come sostanza, che può acquisire o smarrire accidenti, perciò anche *la vita della grazia, interpretata nella modalità di ricostruzione della somiglianza con Dio, non è più vista secondo la modalità teologica orientale di partecipazione, ma come una specie di forma accidentale, cioè, viene pensata in qualità di accidente, di abito, che Dio ha dato e immesso nell'uomo e nella sua vita.*

Si deve dire che questa ermeneutica teologica sulla grazia di Dio in rapporto alla vita dell'uomo non è ingiustificata. E' successo però che, nel corso della storia teologica occidentale, *questa concezione ha condotto ad alcune modalità di lettura della relazione tra la vita Dio e quella dell'uomo decisamente fuorvianti,* che sono state percepite e fortemente avversate da Lutero.

4.2 La grazia

Se *la grazia* di Dio viene percepita come qualcosa di aggiuntivo, come *semplice accidente* che si somma alla sostanza antropologica, la scomparsa della grazia che il peccato provoca, *non va ad incidere* la profondità ontologica dell'uomo cioè la sua *natura antropologica*[244]. Questa visione sulla grazia ha portato come conseguenza una riflessione teologica, che interpreta l'essere della *natura antropologica in modo puro*. La natura dell'uomo cioè, è in se stessa pienamente pura, completa già di per sé, per tal motivo la grazia aggiunge dall'esterno qualcosa che proviene da Dio stesso.

E' chiaro che *tale ermeneutica teologica coglie la natura dell'uomo in chiave positiva, ottimistica, nonostante il peccato delle origini. Nello stesso tempo, però, non pone l'accento sulla significatività della grazia di Dio, anzi, sminuisce la sua radicale e assoluta esigenza in vista del pieno compimento della vita antropologica.* Lutero, invece, esalterà l'urgenza della sola[245] grazia divina e l'accadimento radicale del peccato.

Nella riflessione scolastica, inoltre, la grazia di Dio viene situata come stato o come qualità della vita antropologica, quasi fosse una specie di possesso, un

---

243 Bravo A., *Fiducia in Dio come sfiducia nell'uomo?*, in *Credere Oggi* 27 (1985), 46-57.

244 Panteghini G. *L'uomo alla luce di Cristo,* p.91-97;175-179.Sanna I., *Appunti di Antropologia*, 181-223.

245 Il solamente introdotto da Lutero cioè dell'aut-aut fa da criterio interpretativo tra la visione protestante e quella cattolica, ritmata dal principio dell'et-et, cioè di "Dio e mondo, natura e grazia, Scrittura e tradizione, tradizione e progresso, fede e opere, parola e sacramento, sapere e fede, libertà e legame, ragione e mistero, individuo e comunità, ministero e carisma." Scheffczyk L., *Il mondo della fede cattolica. Verità e forma,* Vita e Pensiero, Milano 2007, 49.

oggetto dell'uomo proveniente dalla sua vita. Questa fu l'interpretazione data da Lutero alla concezione della grazia della teologia scolastica, rifiutando radicalmente l'idea non solo di questo concetto, ma anche di quello relativo alla grazia creata.

4.3 Il concilio di Trento

Il concilio di Trento ribadisce la valenza della riflessione scolastica chiarificando che la grazia della giustificazione attiene alla giustizia di Dio, con la quale la vita umana si esplicita come giusta nei suoi confronti. *Il concilio elimina ogni lettura di stampo pelagiano, nel senso che la salvezza possa darsi come vita giustificante grazie all'opera umana, e sottolinea che la vita giustificante salvifica è azione trascendente della grazia di Dio, in quanto suo esclusivo dono.* Parimenti, nei confronti della concezione luterana, i padri tridentini affermano l'effettiva e reale validità della vita giustificante divina nella vita dell'uomo, in quanto, resa partecipe della vita giustificante di Cristo, può, in Cristo, con Cristo e per Cristo, realizzarsi come vita autenticamente umana, cioè, *l'uomo riesce ad agire in modo collaborativo all'accadimento del suo progetto salvifico*[246].

Dobbiamo anche evidenziare che, se la teologia tridentina della grazia non veniva più colta secondo modalità partecipative alla realtà della vita divina, diveniva semplice e naturale considerare la vita della *grazia creata come una realtà oggettiva, nel senso che si manifesta in modo autosufficiente rispetto a Dio.* Da ciò si evince la persistente insistenza, in ambito cattolico, sulla categoria teologica della grazia creata, originata, così, non solo dal confronto con la teologia protestante. *Questa accentuazione ha fatto quasi scordare l'azione svolta dallo Spirito Santo, cioè la dimensione della grazia non-creata, l'azione pneumatologica trinitaria, che rende la vita umana giusta, santificata e realmente partecipe della vita di Dio.*

4.4 La santificazione

Nella teologia cattolica, preso coscienza di ciò, si parla allora di grazia che santifica, nel senso che l'accadimento della vita della grazia di Dio si qualifica come atto di giustificazione, elevazione e santificazione. Siamo

---

[246] Beni A., *Grazia*, in *Nuovo Dizionario di Teologia,* 599-606. Bof G., *Giustificazione*, in *Nuovo Dizionario di Teologia,* 1992-2003. Serenthà L., *Giustificazione*, in *Dizionario Teologico Interdisciplinare*, vol.2, 235-244. "Già nella preparazione alla grazia della giustificazione, infatti, è richiesta una fede attiva che faccia collaborare liberamente l'uomo (sostenuto dalla grazia attuale) alla sua salvezza attraverso atti quali il timore di Dio, il pentimento, la speranza e l'amore iniziale a Dio – atti che si perfezionano nel ricevimento del sacramento (del battesimo)." Scheffczyk L., *Il mondo della fede cattolica. Verità e forma,* Vita e Pensiero, Milano 2007, 280.

dinanzi ad un reale cambiamento della natura dell'uomo[247]*, come vita di una nuova creatura mediante l'effettiva presenza in lui dello Spirito di Dio.* Questa coscientizzazione dell'azione santificante della vita di Dio in relazione alla vita dell'uomo in ambito cattolico, è avvenuta grazie alla riscoperta della patristica greca ad opera della scuola di Tubinga[248]. Posso ricordare il contributo rahneriano intorno al rapporto tra Dio e l'uomo, nel senso che questo rapporto esistenziale non viene più inteso come causalità efficiente nei termini di autosufficienza della grazia creata, ma secondo modalità ermeneutiche partecipative, in modo da salvaguardare la relazione fondante della vita di Dio, quale azione pneumatologica-trinitaria, con quella della vita dell'uomo[249]. *Oggi la teologia cattolica della la grazia indirizza a leggere il rapporto tra la vita di Dio e quella umana in termini personalistici.* Ciò vuol dire che la grazia di Dio si presenta come dinamica misterica[250] esistenziale di un Dio unitrinitario, che si comunica a tutta la vita dell'uomo, in quanto nella sua realtà comunionale agapica, lo perdona e lo porta a esperire una vita di

---

[247] Bisogna ricordare che "natura e grazia non sono estranee l'una all'altra e che non costituiscono nemmeno un legame estrinseco. Poiché la grazia è ciò che perfeziona, ciò che si estende ultimamente nella visione di Dio, essa presuppone sempre la natura, collegandosi all'ordine naturale. E', dunque, ciò che conduce la natura al suo scopo ultimo, senza per questo alienarla, al punto da non toglierne nemmeno la limitatezza e la debolezza che derivano dall'essere-creatura. Perciò, con il termine natura si deve intendere sempre anche la natura debole e 'crocifissa' che viene perfezionata proprio attraverso 'la grazia della croce'.(...) Secondo la concezione della fede cattolica, l'uomo non si muove in modo puramente passivo nel realizzare la sua salvezza: anche se rimane sempre qualcosa di gratuito e di donato, egli è, comunque, anche un agente attivo del processo salvifico." Scheffczyk L., *Il mondo della fede cattolica. Verità e forma,* Vita e Pensiero, Milano 2007, 279; 280.

[248] Nella scuola di Tubinga (J.A.Möhler e altri) avviene la riscoperta della tradizione patristica greca che presenta la grazia nell'ottica della divinizzazione, come la presenza dello Spirito Santo nel cristiano. "In questo modo, la considerazione della grazia come 'divinizzazione' o Spirito Santo assume un'importanza centrale nella dottrina della grazia." Brambilla F.G. *Antropologia teologica,* in Canobbio G.-Coda P., *La Teologia del XX secolo. Un Bilancio.2 prospettive sistematiche,* Città Nuova, Roma 2003, 246

[249] Panteghini G., *L'uomo alla luce di Cristo*, 181-182.Angelini G., *La vicenda della teologia cattolica nel secolo XX*, in *Dizionario Teologico Interdisciplinare*, vol.3, 628-633 Ardusso F., *Teologia contemporanea*, in *Nuovo Dizionario di Teologia,* 2060.

[250] "Il riferimento alla grazia permette di dire qualcosa di positivo a proposito della correlazione del mistero con la ragione umana. Nella modernità, infatti, la riflessione teologica a proposito del rapporto tra natura e grazia ha favorito il consolidarsi della convinzione secondo cui la grazia non è contrapposta alla natura: la natura, al contrario, (in particolar modo la natura spirituale) possiede una linea di tendenza molto chiara verso la grazia stessa. Spostando la questione al rapporto tra ragione e mistero, si può dire che il mistero della rivelazione non annulla la luce della ragione. La razionalità umana non può essere accecata dal mistero, così da dover fissare un punto nella completa oscurità, perché altrimenti non sarebbe possibile spiegare la razionalità stessa dell'assunzione del mistero della fede. La ragione umana presenta un'apertura costitutiva al tutto, all'infinito, e per questo tocca il mistero sovrannaturale, per così dire, già muovendo dal basso. Se alla ragione, così aperta all'infinito, si rivela il mistero, essa incontra la luce della grazia che rifulge dal mistero stesso. In effetti, questo incontro dischiude una certa comprensione del mistero, ma tra la ragione creata (essa stessa investita dalla grazia) e l'essere e la vita assoluta di Dio non può realizzarsi sul piano della conoscenza una completa equivalenza o identificazione, nemmeno a seguito della riuscita della rivelazione stessa." Scheffczyk L., *Il mondo della fede cattolica. Verità e forma,* Vita e Pensiero, Milano 2007, 119-120.

unità-distinzione in tale comunione[251]. In altre parole, questa grazia di Dio, cioè *la grazia increata si connota come una vita che qualifica una vera trasformazione interiore dell'essere e dell'agire umano, che, di certo, è provocata dall'azione di Dio, ma che si spiega, nella fede, anche come azione libera e collaborante dell'uomo cioè come grazia creata. Questo autentico cambiamento della vita umana può accadere se ciò avviene grazie all'azione santificante dello Spirito Santo, che inabita nell'essere dell'uomo.*

Se la grazia divina non è più intesa quale relazione personale agapica tra la vita di Dio e quella umana in cui Dio nello Spirito si dona liberamente all'azione accogliente della vita dell'uomo, ma si rivela, meramente, come una datità autosufficiente umana, una qualità provocata dalla vita dell'uomo, allora c'è il pericolo che la vita della grazia sia interpretata come una cosa, che si può meritare, smarrire, dispensare[252].

5. Cristologia cattolica

Ora per interpretare questa relazione ontologicamente trasformante tra la vita dell'uomo e la grazia nello Spirito di Cristo[253], dobbiamo partire dalla vicenda redentiva di Gesù di Nazareth, perchè è dalla sua storia che si può determinare l'esperienza pasquale di una vita ontologica modificata[254]. *L'accadimento redentivo di Gesù è la la fonte della vita di grazia, in quanto rivelatore della vita dell'amore del Padre che riporta la vita dell'uomo in relazione con la vita eterna di Dio.*

In Cristo, che pone in unità la vita di Dio e dell'uomo, il credente cattolico esperisce una vita nuova nel suo essere ed agire perché si ritrova a vivere come nuova creatura plasmata dallo Spirito Santo che lo rende capace di tradurre in pratica i doni della fede, della speranza e della carità, anticipo della pienezza eterna di vita[255]. Il credente cattolico esperisce che la grazia di Dio in Cristo realizza la vocazione umano-divina, inscritta dentro il cuore di ogni

---

[251] In quanto "la ragione comprende, così, come tutta la vita spirituale del mistero trinitario si compia in un movimento tra un io e un tu, secondo un moto che conduce alla realtà più alta di un noi in cui quell'io e quel tu sono ricompresi. In questo modo coglie nel mistero della Trinità il senso della vita personale e spirituale che si realizza nell'uomo già nei confini della vita naturale secondo un'analoga struttura, e può essere perfezionato solo se lui stesso – in quanto credente – vive l'esperienza di una partecipazione al noi divino." Scheffczyk L., *Il mondo della fede cattolica. Verità e forma,* Vita e Pensiero, Milano 2007, 121.

[252] Panteghini G., *L'uomo alla luce di Cristo*, 185-189.

[253] Sardi P., *Vita*, in *Dizionario Teologico Interdisciplinare, III*, Marietti, Torino 1977, 563-581. Sanna I., *Cristo, nostra vita*, in *Credere Oggi (*1987) 37, 54-68. Fransen P., *Il nuovo essere dell'uomo in Cristo*, in *Mysterium salutis,* IX, Queriniana, Brescia 1975, 409-484.

[254] Sesböé B., *L'avvenire della fede. La teologia del XX secolo,* Edizioni San Paolo, Cinisello B. (MI) 2009, 99-136.

[255] Piva P., *Teologia morale generale o delle categorie morali fondamentali*, Ut Unum Sint, Roma 1981, 9-40.

uomo perché lo rende autenticamente capace di vivere la vita trinitaria nella forza del Risorto, che cambia realmente l'essere e l'agire della sua vita. *Si compie cioè in Cristo una profonda e reale relazione di collaborazione in ordine alla vita dell'uomo e alla sua salvezza.*
Questa relazione di vita tra Dio e l'uomo viene espressa all'uomo dalla parola biblica e dai sacramenti, che si configurano come storia dell'itinerario rivelativo dell'amore di Dio in Cristo sulla vita[256], nel senso di unione sponsale tra la vita di Cristo e la vita del credente nella vita della Chiesa[257]. Ma *come si è giunti, biblicamente parlando, alla vicenda redentiva di Cristo, quale evento dell'autentica trasformazione ontologica ed etica della vita dell'uomo?*

5.1 La Bibbia

Se andiamo a leggere l'Antico Testamento troviamo innanzitutto che “Jahvè vive”[258]. Jahvè inoltre “è la sorgente della vita”[259]e chiama ogni realtà all'esistenza[260]. *L'uomo diventa realtà umana vivente quando Dio soffia nelle sue narici l'alito di vita*[261]. E' questo alito di vita che rende viventi le creature, le quali in assenza di questo alito divino “diventano cadaveri, ritornano nella loro polvere”[262]. Questa vita che proviene da Dio per l'uomo dell'Antico Testamento si configura, prima di tutto, semplicemente come una vita terrena benedetta da Dio, segnata da “una durata senza fine”[263], da giorni felici[264], dalla pace, dalla fecondità della terra, dalla salute e da abbondanza di figli. Ha

---

256 Sul concetto di vita nell'Antico Testamento e Nuovo Testamento, rinvio a Schockenhoff E., *Etica della vita. Un compendio teologico,* Queriniana, Brescia 1997, 109-123.

257 "L'unione amorosa e sponsale con il Signore Gesù Cristo qualifica intrinsecamente la vita che ogni battezzato conduce secondo lo Spirito Santo, a motivo, e in conseguenza, della sua appartenenza alla Chiesa, sposa e corpo di Cristo unita a lui nello Spirito Santo. (...) Fondata sui sacramenti dell'iniziazione cristiana e corroborata dalla partecipazione all'eucaristia, l'unione sponsale con il Signore Gesù si configura come un'esperienza amorosa contrassegnata da una varietà di forme, di gradi e di intensità affettive, davvero straoridinaria e stupefacente. Dio opera e interviene come vuole e quando vuole, secondo la regola di un'iniziativa assolutamente gratuita, sorprendente, che suscita stupore e gratitudine. L'amore sponsale è un amore unitivo, esclusivo, oblativo e trasformante; porta con sé la verginità e la fecondità. Vissuto e gustato mediante l'esercizio dei sensi spirituali, richiede la ricerca costante e appassionata dello Sposo crocifisso. A lungo andare, procura una malattia e una ferita inguaribili, ma oltremodo benefiche e vivificanti. D'altronde, è questo il dono, veramente appagante, che i suoi discepoli devono chiedere umilmente allo Spirito Santo, per percorrere con sempre maggior ardore ed entusiasmo la via dell'unione amorosa e sponsale con lui, il Figlio di Dio fatto uomo, l'Amato crocifisso, il Signore della gloria." Battaglia V., *Il Signore Gesù Sposo della Chiesa. Cristologia e contemplazione 2,* in *Corso di Teologia Sistematica. Complementi 8*, Edizioni Dehoniane, Bologna 2001, 183-184.

258 Sal 18,47.

259 Sal 36,10.

260 Sal 104.

261 Gn 2,7.

262 Sal 104,29; Gb 17,1.

263 Sal 21,5.

264 Sal 34,13.

però *come orizzonte di lettura un orizzonte meramente terreno e la vita dei morti nello sheol*[265] *non può, perciò, essere definita vita in senso autentico.* Negli scritti *sinottici* del Nuovo Testamento *la vita ha come prospettiva l'eternità perché la parola di Gesù si pone sempre in direzione escatologica* proprio per affermare la finitudine della vita terrena che non può essere colta come un possesso di vita. In *Giovanni* Gesù appare come colui che possiede la vita[266] in quanto è lui stesso la vita[267]; colui che è unito al Figlio di Dio ha la vita perché la vita di Gesù è la rivelazione della vita salvifica da parte del Padre[268] e attua la comunione della vita degli uomini come una relazione d'amore con Dio[269]. In *Paolo la vita è Gesù risorto* perché è il nuovo Adamo nel quale "tutti muoiono, così in Cristo tutti saremo vivificati"[270].
La vita dell'uomo, allora, si esplicita come una vita inabitata dallo Spirito Santo, che rende realmente l'uomo nel suo essere e nel suo agire figlio di Dio in quanto vive la vita di Cristo[271]. Infatti, *questa vita in Cristo si specifica come una vita di santità* perchè è un "entrare nel mistero trinitario quale mistero di comunione in cui si comprende e si ricapitolo ogni cosa. Non tanto nel senso d'una mera e vaga riappropriazione dell'essere, di ogni essere, ma piuttosto d'un processo vivificante e unificante che muove dal Padre e si realizza nel Figlio mediante l'opera dello Spirito. Parlare, quindi, di santità significa parlare della vita divina che vive in noi, in definitiva del profondo mistero di unione tra Dio e gli uomini. Ciò che è esclusivo di Dio, è anche la nostra realtà più intima e vera: siamo santi perchè Dio è santo"[272].
Gesù, insomma, si rivela come l'accadimento, il luogo di comunione trinitaria e di santità per l'uomo, è lui la grazia definitiva della vita di Dio per la vita dell'uomo[273]: in Gesù Cristo risorto si stabilisce l'autentico dialogo della vita trinitaria con quella antropologica. *Questo rapporto esistenziale tra la vita di Cristo risorto e quella dell'uomo, trasforma la vita dell'uomo ontologicamente in quanto l'uomo è nuova creatura*[274] e ogni uomo riceverà la vita da lui[275]. Questa vita non si presenta semplicemente come etica ma, si specifica come

[265] Bonora A., *Morte*, in *Nuovo Dizionario di teologia Biblica*, 1014-1019.
[266] Gv 1,4; 5,26.
[267] Gv 14,6.
[268] Gv 8,12.
[269] 1 Gv 4,12-16.
[270] 1 Cor 15,22.
[271] Rm 8,14-17.
[272] Giraldo R., *«Universale vocazione alla santità nella Chiesa»* in *Quaderni di Studi Ecumenici* 18 (2009) 71.
[273] Cavedo R., *Vita*, in *Nuovo Dizionario di Teologia Biblica*, Paoline, Milano 1988, 1667-1680.
[274] 2 Cor 5,17.
[275] 1 Cor 15,22.

soprannaturale, mistica, nel senso di unione intima con lui, come i tralci con la vite[276]*. È fondamentale alla vita dell'uomo questa unità con Cristo, "restando in lui"*[277]*, perché nel mistero di Cristo Risorto si situa la verità della vita dell'uomo.* In questo senso Paolo usa l'espressione "in Cristo Gesù" per sintetizzare questa reale assimilazione ontologica-cristologica della vita umana unita a quella del Risorto, nella tensione alla formazione del suo corpo[278], in un solo Spirito.

5.2 Agostino e Ireneo

In questo senso, che traduco come esistenziale, *Agostino* esprime questa unità di vita tra Cristo e la vita dell'uomo in lui, "incorporando noi a se stesso, facendoci sue membra, in modo che anche noi, in Lui fossimo Cristo"[279]. Siamo il corpo di Cristo, possiamo perciò vivere la nostra vita in Cristo per il dono dello Spirito Santo perché "noi conosciamo che siamo in lui ed egli in noi perché ci ha dato il suo Spirito"[280]. *Questa vita provocata dalla presenza dello Spirito Santo possiamo considerarla come la prima realtà esperienziale della nuova vita ontologica-cristologica dell'uomo e le grazie, che nella teologia cattolica sono definite come create, non sono altro che esiti del dono non-creato dello Spirito Santo nella vita umana.*

E' chiaro che l'inabitazione dello Spirito Santo si offre come presenza speciale che si differenzia dalle altre presenze in quanto porta all'effettiva conformazione cristologica della vita dell'uomo. Nel 'Contro le eresie', *Ireneo, paragona il dono dello Spirito all'acqua che viene da cielo, mentre la vita dei credenti, vista come unica realtà, alla farina secca che deve divenire la pasta di questa unità in Cristo*, "perchè, come con la farina secca non si può, senz'acqua, fare una sola pasta e un solo pane, così noi, che siamo una moltitudine, non possiamo divenire uno in Cristo Gesù, senza l'acqua che scende dal cielo"[281].

E', allora, l'azione dello Spirito Santo che determina la vita dell'uomo come vita di tipo spirituale perché è la vita dell'uomo nuovo che vive dello Spirito di Cristo. *Questa vita spirituale è animata e sostenuta nel suo dinamismo dalle realtà interiori delle virtù teologali, donate dallo Spirito, che sono la fede, la speranza e la carità, che trasformano l'essere e l'agire umano.*

---

[276] Gv 15,1-8.

[277] Gv 15,4-5.

[278] Col 3,15.

[279] Enar. in Psal. 26, II, 2 in *Opere di Sant'Agostino. Esposizione sui Salmi,* Città Nuova, Roma 1982², 361.

[280] 1 Gv 4,13.

[281] Adversus hæreses, III, 17,2 in Ireneo di Lione, *Contro le eresie/2*, Città Nuova, Roma 2009, 98.

5.3 La fede, la speranza, la carità

Per il dono del battesimo dello Spirito, l'uomo nella sua natura ontologica viene gratificato dalla grazia della vita soprannaturale e reso capace di vivere un'esistenza umana autenticamente cristologica mediante le virtù teologali della fede, della speranza e della carità. *Queste virtù vengono elargite in modo permanente dallo Spirito*[282] *e sono tra loro così interconnesse da rivelarsi come unica attitudine interiore, che pervade l'intera esistenza dell'uomo*[283]. *Allora la vita in Cristo si presenta come una vita che libera con la speranza*[284], *profondamente vissuta nel mistero della Pasqua per il dono della fede*[285] *e intrisa della carità di Dio*[286].

Queste virtù teologali sono tre modalità d'espressione del dono della vita trinitaria che si esplicita nell'essere e nell'agire dell'uomo, radicato in Cristo[287]. Questi doni della vita di Dio sono realtà divine che offrono al credente l'opportunità di vivere la partecipazione alla vita trinitaria così da declinare nella vita dell'uomo la stessa vita d'amore trinitario nello Spirito di Cristo, trasfigurando nella realtà della vita attuale ciò che avverrà nella vita futura. Nella vita dell'uomo credente *la virtù della carità*, la quale è un operare con e nello Spirito di Cristo, *presenta un ruolo primario unico in quanto deve essere declinata dentro ogni azione umana*; si esplicita secondo i sentimenti di Cristo nella sua relazione d'amore nei confronti del Padre e si connota come la modalità che rivela l'agire salvifico all'interno della realtà della vita dell'uomo. Sinora abbiamo pensato l'azione delle tre virtù teologali nella vita del credente

---

[282] Gal 2,20; 1 Cor 15,19; Rm 8,28.

[283] Col 1,4-5; 1 Ts 1,3-4; Tt 2,2 "Le tre virtù teologali appena ricordate vanno ripensate e vissute sempre come un tutt'uno indivisibile, perchè l'una richiede e corrobora l'altra. In proposito, senza aver però la pretesa di stilare una classificazione, si può dire che, guardando all'esistenza cristiana vista nel suo complesso, è fondato asserire che la fede la fa nascere e le dà la forma, cioè ne definisce l'identità. La speranza poi la orienta nella giusta direzione perché, facendola tendere verso la meta ultima coincidente con la seconda venuta del Cristo, la indirizza dalla parte del Signore che viene ogni giorno a visitare il suo popolo. La carità, infine, rappresenta, a un tempo, il criterio e la prova che consentono di verificare fino a che punto questa esistenza sia vissuta con autenticità e sia veramente feconda: pertanto ne costituisce il vertice e, avendo il primato, racchiude in sé le altre due. Lo ricorda l'apostolo Paolo quando afferma: «queste dunque le tre cose che rimangono: la fede, la speranza e la carità; ma di tutte più grande è la carità». (1 Cor 13,13)." Battaglia V., *Cristologia e contemplazione. Orientamenti generali,* in *Corso di Teologia Sistematica. Complementi 4*, Edizioni Dehoniane, Bologna 1996, 164.

[284] Col 3,4.

[285] Rm 10,9.

[286] Rm 5,5.

[287] Goffi T., *Vita virtuosa secondo lo Spirito*, in *Corso di Morale*, Goffi T.-Piana G. (edd.), *Vita nuova in Cristo. (Morale fondamentale e generale)*, I, Queriniana, Brescia 1985, 574-581.Goffi T.-Piana G., *Il vissuto personale viruoso*, in *Corso di Morale*, Goffi T.-Piana G. (edd.), *Diakonia (Etica della persona)*,II, Queriniana, Brescia 1985, 19-22.

ma, *come si esprimono queste virtù nella vita degli uomini che non hanno avuto la possibilità di conoscere l'annuncio di salvezza evangelico oppure in coloro che non credono a Cristo anche se è stato loro presentato*? Attualmente la risposta si esplicita come *anelito e sforzo per la ricerca di un futuro migliore in merito alla vita spirituale.*
Così si esprime il Vaticano II: "Infatti, quelli che senza colpa ignorano il Vangelo di Cristo e la sua Chiesa, e tuttavia cercano sinceramente Dio e sotto l'influsso della grazia si sforzano di compiere con le opere la volontà di Dio, conosciuta attraverso il dettame della coscienza, possono conseguire la salvezza eterna. Né la divina provvidenza nega gli aiuti necessari alla salvezza a coloro che senza colpa da parte loro non sono ancora arrivati ad una conoscenza esplicita di Dio, e si sforzano, non senza la grazia divina, di condurre una vita retta. Poiché tutto ciò che di buono e di vero si trova in loro è ritenuto dalla chiesa come una preparazione al Vangelo, e come dato da Colui che illumina ogni uomo, affinché abbia finalmente la vita"[288]. Certamente anche a questi uomini Dio dona gratuitamente la sua realtà di vita, grazie alle sue virtù teologali, in quanto la redenzione è in funzione salvifica universale. *Però, non può operare in loro un'autentica mutamento ontologico del loro essere ed agire,* proprio per un radicale rispetto della loro ricerca e della loro libertà nei confronti dell'amore stesso di Dio in Cristo o per una carenza di annuncio salvifico da parte dei credenti cattolici[289] sulla reale vita comunionale tra Dio e l'uomo.

5.4 L'escatologia

La vita della grazia nella vita dell'uomo si esprime come futuro della vita eterna che si dà come comunione con la vita trinitaria. Ciò è possibile già esperirlo in questa vita anche se non ancora in modo pieno. In questo senso la vita dell'uomo vissuta nello Spirito di Cristo nelle coordinate teologali delle tre virtù rivela già le caratteristiche della vita eterna[290].
La nostra vita è esposta alla finitudine della morte ma, se è innestata nella vita di Cristo, si dà, nel suo hic et nunc spazio-temporale, come una vita posta in escatologia in quanto inserita nella stessa vita eterna dell'uomo-Dio, Gesù Cristo. Questa vita umano-divina dell'uomo vince così la propria morte perché viene a realizzarsi sin da ora in Cristo, il vincitore della morte, che è l'essere

[288] LG 16.
[289] Qui si apre l'importantissima problematica sulla missionarietà della Chiesa Cattolica, cioè dell'annuncio a tutti gli esseri umani della salvezza offerta da Dio in Cristo, cioè di colui che è la verità della salvezza di Dio e della trasformazione della vita dell'uomo nel suo essere ed agire in Lui, morto e risorto.
[290] Fransen P., *Il nuovo essere dell'uomo in Cristo*, in *Mysterium salutis,* 446.

sostanziale autentico della vita[291]. In tal modo questa vita d'unità e distinzione tra la vita dell'uomo e quella di Cristo si sviluppa nella fede, speranza e carità sino alla risurrezione. *La vita dell'uomo è così una significativa vita di un figlio di Dio, trasformato realmente nel suo essere ed agire, perché ha ricevuto la vita di Dio, ha accolto in sé stesso la presenza di Dio, che lo ha cambiato totalmente. Il credente non può più vivere lontano da questa realtà umano-divina, dal Cristo Signore, in quanto in Lui, cioè nelle sue virtù teologali, la vita morale normativa avviene come accadimento in cui l'humanum, viene ontologicamente realizzato e posto in attesa escatologica*[292]. Allora la vita umana in quanto vita di figlio in Cristo è vita comunionale con la vita trinitaria nel senso che si stabilisce una reciproca immanenza cioè non solo la vita umana è innestata nella vita di Dio, ma anche la Trinità stessa inabita dinamicamente nell'essere e nell'esistenza del credente. *Si esplicita come sinergia tra la dimensione cristologica e pneumatologica, realizzata dalle virtù teologali della fede, speranza e carità in prospettiva escatologica. In tal senso Gesù Cristo possiede in se stesso la vita in quanto si presenta come il rivelatore del dono della vita divina all'uomo e può donare all'uomo la vita, la sua vita, che è la vera vita per l'uomo*[293].
Questa vita nell'accadimento redentivo è depositaria della salvezza della vita umana, cui è chiamata ogni esistenza. Allora la vita dell'uomo nella vita del Cristo morto e risorto si ritrova a sperimentare la comunione con la vita di Dio, manifestata da Cristo e a intrecciarsi nell'amore con la vita degli altri uomini. *La vita di colui che crede in Cristo si rivela, perciò, come vita nuova vissuta dall'uomo che è veramente una nuova creatura.* Questo si pone a livello ontologico ed esistenziale[294], attuando con il battesimo l'inizio di questa

[291] Gv 17,3.
[292] Infatti "una vita morale radicata e fondata ontologicamente sul Figlio Gesù Cristo, il Signore (1 Cor 1,9), assume, rispetta e non annulla o distrugge l'*humanum*, e dà origine nell'uomo ad un rapporto tra ragione e fede in vista della produzione delle norme morali concrete. Anzi, se nella fede l'uomo accetta nella sua vita il Cristo Signore, il suo *humanum* non solo viene rispettato, ma anche promosso, aiutato, illuminato, in qualche modo superato e dilatato in vista della sua pienezza escatologica." Raniero L., *Gesù Cristo è il fondamento della morale per ogni uomo? Analisi e confronto con alcuni laici in Italia*, PUL, Roma 2000, 21.
[293] Cavedo R., *Vita*, in *Nuovo Dizionario di Teologia Biblica*, Paoline, Milano 1988, 1675-1680.
[294] E' fondamentale ricordare quanto sia rilevante per la teologia cattolica l'idea di sostanza che sta dietro a questa trasformazione che si pone a livello ontologico ed esistenziale della vita umana. Ma perché proprio l'idea di sostanza è così basilare, cosa c'è dietro a tale fondamento della teologia e antropologia cattolica. "C'è in primo luogo l'intenzione teologica di pensare la relazione di Dio con l'uomo come una relazione entitativa creatrice, mediante la quale l'uomo è chiamato alla sua esistenza creaturale. Ma a questo interesse teologico primario si accompagna anche un'intenzione antropologica, perché l'uomo supera, in virtù di questa relazione diretta con Dio, tutte le altre relazioni in seno a cui egli sta nella sua esistenza concreta. Egli non si rivela nelle sue relazioni interumane ma, pur dipendendo dall'interesse per gli altri per lui e dal riconoscimento sociale, è distinguibile dalle relazioni in seno a cui si trova e in seno a cui vive l'uomo, proprio nel fatto ch'egli non è costituito da queste relazioni orizzontali e possiede la propria esistenza 'per sé'

vita nuova. *Questa unità ontologico-esistenziale tra la vita cristologica e la vita antropologica*[295] *si colloca su di un piano misterico, cioè mistico, perché è un legame che non si può definire razionalmente in modo preciso ma si connota come relazione ineffabile d'unità e distinzione.*
Tutto ciò può attuarsi grazie all'azione pneumatologica che il Cristo Risorto dona alla vita del credente. Questa esistenza antropologica con l'intervento dello Spirito Santo garantisce alla vita dell'uomo di costituirsi come terreno fecondo in quanto permette all'uomo spirituale di realizzarsi come esistenza compiuta, sempre in attesa della perfezione nella vita beatifica della carità trinitaria.
Allora, questa vita autenticamente umana nello Spirito del Cristo risorto trova energia e promozione, grazie e in modo speciale, al dono delle tre virtù teologali della fede, della speranza e della carità che la sostanziano. In conclusione, queste virtù sono permanentemente in essere nella vita trasformata dell'uomo credente affinché questa vita antropologica si manifesti come una vita santa nello Spirito di Cristo cioè autenticamente liberante, pasquale, intrisa della carità divina. Perciò, *nella teologia cattolica il rapporto tra la questione della vita dell'uomo e la vita di Cristo Risorto è interpretato come un'unità-in-distinzione ontologico-esistenziale, dove cristologia e pneumatologia si danno reciprocamente, grazie al dono delle tre virtù teologali.*
E', pertanto, il criterio ermeneutico dell'unità-in-distinzione ontologico-esistenziale tra vita cristologica e vita antropologica, realizzata dal dono dello Spirito del Cristo Risorto mediante le virtù teologali, a rendere ragione della diversità di declinazione cattolica e protestante sulla vita trasformata in senso umano-divino. In altri termini, *questo principio è basilare per cogliere la diversa modalità di leggere la vita umana in prospettiva etica che si rinviene tra visione cattolica e visione protestante: l'etica protestante è sospesa tra*

indipendentemente da esse, sta il motivo per cui una persona umana non può disporre di un'altra persona umana. Questa e solo quest'ultima non disponibilità dell'uomo, che ci obbliga a rispettarci a vicenda in maniera incondizionata, l'idea di sostanza vuole affermare nell'antropologia. Essa mi garantisce che nell'altro io incontro un uomo, il quale deve la propria esistenza in maniera originaria all'amore creatore di Dio esattamente come me. Poiché noi uomini non riceviamo la nostra vita gli uni dagli altri e in ultima analisi neppure dalla relazione esistente tra noi, bensì la riceviamo dal dio trascendente, che sta dietro a tutti noi, ogni altro essere umano è nei miei confronti un essere affidato a se stesso, la cui dignità io devo incondizionatamente rispettare. Questo nesso fra essere immagine di Dio e non disponibilità dell'esistenza umana, che l'idea di sostanza vuol esprimere nel contesto di un concetto teologico di persona, è già prefigurato nella Bibbia (cfr. Gen 9,6)." Schockenhoff E., *Etica della vita. Un compendio teologico,* Queriniana, Brescia 1997, 145-146.

[295] Per vita cristologica intendo la vita in Cristo; per vita antropologica intendo la vita dell'uomo o vita umana.

l'interpretazione della legge divina e la grazia donata da Dio[296]*; mentre quella cattolica sottolinea l'intervento, a livello della natura dell'uomo cioè a livello ontologico, della grazia di Dio per l'attuazione esistenziale*[297].

6. L'etica cattolica

6.1 Il Concilio Vaticano II

La teologia morale, prima del concilio Vaticano II, era vissuta come una specie di elenco di atti leciti o illeciti, che serviva al sacerdote nell'esercizio del ministero penitenziale; dove c'era un'utilizzazione impropria della Bibbia e dove il momento morale veniva scisso da quello teologale, all'interno di una concezione etica della vita umana, intesa solamente in termini deduttivistici[298]. *Il Vaticano II ha provocato una reimpostazione della morale cattolica fondandola in modo più biblico e aprendola maggiormente alle scienze umane.* Si è passati da una morale di tipo statico, profondamente deduttiva-inferenziale, ad una morale che prende in considerazione anche il dato esistenziale e storico; senza approdare a modalità di relativismo etico, proprio

[296] Infatti questa sospensione si pone perché "la teologia protestante fonda l'etica su Cristo, unico mediatore della salvezza. Perciò la legge non può mai essere mediatrice di salvezza. Con ciò il problema fondamentale del protestantesimo, la giustificazione per la sola fede in Cristo, è diventato il tema di ogni etica teologica". Piva P., *L'evento della salvezza fondamento dell'etica ecumenica*, Edizioni Messaggero, Padova 1997, 247-248. Le caratteristiche del rapporto tra legge e grazia, si possono riassumere in queste tre asserzioni fondamentali: a. Il Vangelo distrugge ogni forma di autogiustificazione umana;b. Il Vangelo è proclamazione della volontà di Dio, realizzatasi in Cristo; c. Le esigenze del Vangelo. Queste esigenze del Vangelo "non si concretizzano nelle opere da compiere per il conseguimento della salvezza, ma in ciò che è possibile fare a partire dalla salvezza ricevuta. Il Vangelo contiene una serie di prescrizioni per la vita cristiana. (...) I comandamenti sono un aiuto per preservare, rafforzare, accrescere la giustizia della fede. «Il nostro stato di cristiani è in ogni momento dono di Dio e nel contempo, in ogni istante, da parte nostra e nel nostro interesse, compito. In quanto Dio ce lo concede possiamo e dobbiamo considerare il cristiano come un essere che si sviluppa, porta frutto per la potenza dell'amore di Dio, Ma soltanto il credere è costitutivo della nuova vita». Ciò può designare solo la necessità con cui il Vangelo, compreso nella fede, spinge all'attuazione della carità. Ma tale necessità non si impone automaticamente, bensì attraverso una decisione e un atto personale dell'uomo". *Ibidem*, p. 250-251. Anche per la teologia cattolica la legge, in quanto tale, non giustifica la salvezza, che è opera solo di Dio in Cristo, però la legge non è abolita quando è intesa come legge evangelica in quanto "le norme del Vangelo formano una profonda unità con la nuova legge interiore (*usus practicus evangelii*), non sono puramente esteriori e neppure stanno accanto alla legge interiore della grazia dello Spirito Santo". *Ibidem*, p. 253. E questo può avvenire a causa dell'onnipotenza di Dio in Cristo, che rende la natura umana capace di collaborazione "sia per la cooperazione dell'uomo nella giustificazione per mezzo della fede sia per la santificazione etico-soggettiva nell'amore obbediente, che sgorga dalla giustificazione. Tutto proviene da Dio, anche la collaborazione dell'uomo". *Ibidem*, 254.

[297] "L'etica protestante si ricollega più marcatamente alla coppia di concetti legge/grazia, mentre quella cattolica si rivolge piuttosto alla coppia natura/grazia." Wills J.P., *Natura e grazia,*in Wils J.P.-Mieth D. (edd.), *Concetti fondamentali dell'etica cristiana,* Quriniana, Brescia 1994, 171.

[298] Piva P., *Attualità della questione etica per l'οικουμενη*, in *StEc* 22 (2004) 73-77. Vidal M., *L'etica teologica in Europa (specialmente meridionale): passato, presente e futuro,* in Keenan J.F. (a cura di), *Etica teologica cattolica nella Chiesa universale. Atti del primo congresso interculturale di teologia morale,* EDB, Bologna 2009, 133-142. Rossi G., *La vita morale del cristiano*, in *Credere Oggi* 12(1982), 37-49. Ziegler J.G., *Teologia morale*, in AA.VV., *Bilancio della teologia del XX secolo*, Città Nuova, Roma 1972, vol.3, 336-338;

per mettere in sintonia valori e norme[299] e, altresì, tenendo presente il legame tra natura e cultura.

Si è dato rilievo ad un'etica più vicina alla questione sociale e politica della vita umana, equilibrando valori contemporaneamente personali e sociali. Si è approfondito il concetto di esperienza morale[300] della vita umana, proprio per realizzare la ricerca del vero bene tra naturalismo e relativismo e, per non cadere in essi, si è posto al centro il principio di autonomia morale, letto con le coordinate ermeneutiche del dato biografico, storico-culturale, etico-normativo ed etico-educativo[301].

a. La Bibbia *Con il rinnovamento operato dal Vaticano II la morale è colta maggiormente legata al dato biblico*[302]. Per l'*Antico Testamento* essa viene vissuta come volontà di Dio, quale esperienza del rapporto tra Dio e Israele. Si connota come religiosa in funzione dell'alleanza, sia quella cultuale sia quella sociale. *E' una morale di un popolo in cammino.* Per il *Nuovo Testamento* la morale è basata sulla fede in Gesù Cristo, sul suo amore. *E' sul cammino di amore proposto da Gesù che il credente porta a compimento la sua vita di figlio di Dio, mettendo al centro di questa sequela morale il sacramento dell'Eucaristia in quanto in essa si rivela l'atto del donarsi di Cristo vissuto come parametro di confronto e giudizio per la propria esistenza umana.*

Il messaggio biblico sulla vita umana viene accolto con fede dal credente, nel senso che viene assunta l'*interpretazione magisteriale ecclesiale*, determinata dal fatto che tale interpretazione è guidata dalla presenza dello Spirito[303]. Tutto ciò accade perché la Parola di Dio è come un seme[304] che è sorgente di vita, di crescita sia dal punto di vista personale sia in senso comunitario-ecclesiale. Pertanto l*a Chiesa, in quanto comunità, è chiamata a interpretare la Parola, che non va semplicemente ascoltata ma tradotta in vita.*

Nella comunità cristiana la Parola deve essere ricevuta e donata, accolta e testimoniata reciprocamente. Il dinamismo suscitato dalla Parola rende attivi tutti i membri della Chiesa, che sono interpellati a far sì che la Parola sia un efficace e universale contributo in ordine al senso della vita.

b. Il Magistero In tale prospettiva esiste nella Chiesa un centro di riferimento, un carisma centrale che garantisce l'autentica interpretazione e incarnazione

---

299 Mieth D., *Scuola di Etica,* Queriniana, Brescia 2006, 155-162.

300 Mieth D., *Scuola di Etica,* Queriniana, Brescia 2006, 36-43.

301 Petrà B., *Teologia morale cattolica,* in Canobbio G.-Coda P., *la Teologia del XX secolo. Un Bilancio.3 prospettive pratiche,* Città Nuova, Roma 2003, 97-166.

302 Piana G., *Teologia* Morale, in *Dizionario Teologico Interdisciplinare,* vol. 1, 289-294.

303 LG 12; DV 8.

304 Lc 8,11.

della Parola[305] nella storia: esso proviene dal compito specifico del successore di Pietro in comunione con i successori degli apostoli. Si tratta del carisma magisteriale[306]. *Il carisma magisteriale, infatti, si legge nella dinamica dell'incarnazione cioè, si presenta come un'istituzione divino-umana posta da Cristo, sotto l'autorità dei successori degli apostoli perché "chi ascolta voi, ascolta me, chi disprezza voi, disprezza me"*[307]. Esso "adempie il divino mandato e ministero di conservare e interpretare la Parola di Dio"[308], e si può esprimere anche entro l'ambito "della divina rivelazione, che deve essere scrupolosamente custodita e fedelmente esposta"[309]. Ora, il dato biblico-cristologico sulla vita umana viene colto nel suo legame con il dato magisteriale e la legge naturale[310].

c. La legge naturale L'etica cattolica asserisce che c'è una *legge di vita*, oltre che divino-positiva, anche *umana-naturale nella declinazione del rapporto tra la vita di Dio e quella dell'uomo.* Partendo dal fatto che il peccato originale non ha oscurato nel discernimento umano la coscienza del bene oggettivo della vita, l'uomo può pensare una legge di vita umanamente giusta. Ci chiediamo, allora, se gli atti virtuosi attuino azioni di vita salvifica cioè se *le azioni eticamente conformi alla legge di vita sono meritorie di vita eterna?*

6.2 Le azioni

Seguire la legge di vita, sia quella proveniente dalla natura umana o da Dio come la legge donata a Mosè[311] non porta a salvezza[312]. "Infatti in virtù delle opere della legge nessun uomo sarà giustificato davanti a lui"[313] perchè è Cristo crocifisso e risorto che salva, non le azioni virtuose dell'uomo. *Le azioni della vita umana possono essere salvifiche nella misura in cui sono permeate e trasformate dallo spirito del Cristo Risorto*[314]*, il quale, mediante i sacramenti e le virtù teologali, opera un reale cambiamento a livello*

---

[305] In quanto "nessuna scrittura profetica va soggetta a privata spiegazione, poichè non da volontà umana fu recata mai una profezia, ma mossi da Spirito Santo prlarono quegli uomini da parte di Dio." (2 Pt 1,20).

[306] Sala G., M*agistero*, in *Dizionario Teologico Interdisciplinare,*vol. 2, 422-432. Gardin G.A, M*agistero della Chiesa e morale cristiana,* in in *Credere Oggi* 12(1982), 63-77. Sul rapporto tra magistero e sensus fidelium, rimando a Valadier P., *Il concetto di sensus fidelium è desueto?,* in Keenan J.F. (a cura di), *Etica teologica cattolica nella Chiesa universale. Atti del primo congresso interculturale di teologia morale,* EDB, Bologna 2009, 267-276.

[307] Lc. 10,16.

[308] DV 12.

[309] LG 25.

[310] Lanfranconi D., *Legge naturale*, in *Dizionario Teologico Interdisciplinare,*vol. 2, 371-383. Fumagalli A., *La legge naturale nella teologia cattolica,* in *Rivista di Teologia Morale* 159 (2008) 311-317.

[311] Deut 31,9.

[312] Gv 1,17.

[313] Rm 3,20.

[314] Cavedo R., *Vita*, in *Nuovo Dizionario di Teologia Biblica,* 1667-1680.

ontologico dell'essere e dell'agire dell'uomo, che è luogo etico in cui etico e ontico si pongono in unità e contemporaneamente in distinzione[315]. Allora, si può dire che la vita umana è conforme alla legge nuova, cioè, alla normatività della legge che proviene dall'essere creature nuove in Cristo, nell'"adozione di figli di Dio, che è la primizia dello Spirito"[316] e che "pur non avendo legge, siamo legge a noi stessi"[317] in quanto "guidati dallo Spirito, così da non essere più sotto la legge"[318] cioè dalla "legge dello Spirito che dà vita in Cristo Gesù"[319].

Se accade questa dinamica significa che le opere dell'uomo procurano salvezza perché sono l'esito esistenziale dell'essere umano rinnovato e trasformato dalla grazia pasquale dello Spirito del Risorto. Perciò *la relazione tra vita cristologica e antropologica si pone a livello di unità-in-distizione ontologico-esistenziale. Questa situazione esistenziale in termini biblico-cristologico si esplicita come fare la volontà del Padre*, "fare la volontà di Colui che mi ha mandato e compiere la sua volontà"[320] nel senso che non si vive più "sotto la legge ma sotto la grazia"[321] cioè "la legge dello Spirito, che dà vita in Cristo Gesù, ti ha liberato dalla legge del peccato e della morte"[322]. E questa legge che promana dall'essere in unità con lo Spirito di Cristo Risorto è realmente conforme alla fede-carità perché "questo è il suo comandamento: che crediamo nel nome del Figlio suo Gesù Cristo e ci amiamo gli uni gli altri, secondo il precetto che ci ha dato"[323]. *Sembrerebbe che non ci sia differenza sostanziale tra la visione protestante sulla vita umana e quella cattolica.*

Anche per i protestanti la fede, animata dalla carità di Cristo, giustifica gli atti, in quanto nell'uomo giustificato è lo Spirito del Risorto che detta la norma interiore caritativa esistenziale[324]. Invece *la differenza, prima di tutto, si pone a livello di comprensione delle modalità di relazione tra la grazia di Dio in Cristo e la vita dell'uomo, che in ambito cattolico si denota come reale trasformazione a livello ontologico-esistenziale; mentre, nell'ottica*

---

[315] "Benché l'etico abbia un significato specificatamente marcato per il libero agire dell'uomo, esso non cessa per questo di mantenere un legame con l'ontico. Integrando i due momenti, l'ontico e l'etico, si può parlare di luogo etico in quanto orizzonte assiologico che dà riparo all'essere umano." Vidal M., *Crisi dei valori morali*, in *Communio* 72 (1983).

[316] Rm 8,23.

[317] Rm 2,14.

[318] Gal 5,18.

[319] Rm 8,2.

[320] Gv 4,34; 5,30; 6,38.

[321] Rm 6,14.

[322] Rm, 8,2.

[323] 1 Gv 3,23.

[324] Goffi T., *Fede cristiana e coscienza morale*, in AA.VV., *Questione etica*, 229-235.

protestante, si pone più a livello relazionale tra Dio e l'uomo, nel senso che le opere buone sono, sì, rivelazione della presa di coscienza da parte dell'uomo di essere stato giustificato nella croce di Cristo, però sottolineano, sempre e conteporaneamente, l'assoluta gratuità dell'amore trascendente di Dio, che relativizza l'intervento umano nel darsi delle opere buone. Inoltre il credente cattolico viene aiutato dal carisma magisteriale[325] *a declinare i valori della legge naturale nella vita umana*[326].

Sappiamo che la legge naturale della vita si può delineare come l'insieme dei valori e norme morali che l'uomo accoglie grazie alla sua ragione, dalla conoscenza e dalla riflessione sulla realtà esistente della vita[327]. Ci chiediamo, allora, *quale sia il valore da assegnare al pensiero del magistero cattolico sulla legge naturale relativo alla vita*[328]*, in modo specifico sulle questioni della bioetica*[329].

6.3 Magistero e legge morale naturale

La risposta a questo quesito è di primaria importanza nell'elaborazione di una etica della vita perché è uno dei nodi di maggior confronto e divergenza. *Secondo la visione cattolica il carisma magisteriale ha il dovere di conservare ed esplicitare il deposito della divina rivelazione*, che offre generali indicazioni etiche o approcci di fondo come la fede-speranza-carità o la sequela di Cristo. D*al dato biblico non discende direttamente la risposta ai problemi della legge naturale della vita e alle questioni di bioetica*. Il magistero cattolico si è pronunciato dichiarando di essere competente nell'ambito della legge naturale morale della vita.

Ricordo qui la '*Dignitatis humanae*', la quale dice che "la Chiesa cattolica è maestra di verità, e sua missione è di annunciare e di insegnare, con competenza, la verità che è Cristo, e nello stesso tempo dichiarare e confermare autoritariamente i principi dell'ordine morale che scaturiscono dalla stessa natura umana"[330] o la *'Humanae vitae'* quando afferma che "nessuno vorrà negare che al magistero della Chiesa spetti di interpretare anche la legge morale naturale"[331]. *Perché il magistero allora dichiara la propria qualifica di interpretazione sulla legge naturale della vita?* Tale

[325] Tettamanzi D., *Magistero,* in Salvino S.-Privitera S., *Nuovo Dizionario di Bioetica*, 659-661.

[326] Tettamanzi D., *Magistero,* in Salvino S.-Privitera S., *Nuovo Dizionario di Bioetica*, 661-665.

[327] Savagnone G., *Legge naturale,* in Salvino S.-Privitera S., *Nuovo Dizionario di Bioetica*, 624-632. Seidl H., *Sintesi di etica generale, coscienza, libertà e legge morale,* Città Nuova, Roma 1994, 185-191.

[328] Catechismo della Chiesa Cattolica, *La vita in Cristo,* 487-507

[329] Compagnoni F., *Vita*, in *Nuovo Dizionario di Bioetica*, 1261-1268.

[330] Dignitatis humanae, 14.

[331] Humanae vitae, 4.

competenza deriva dal fatto che l'uomo si pone come il tu della rivelazione di Dio in quanto creato da Dio secondo un suo progetto. *Non si possono, perciò, dividere in modo netto le esigenze che provengono dalla chiamata salvifica da quelle della natura dell'uomo.* L'uomo si pone dinanzi a Dio come una inseparabile realtà d'unità tra la dimensione soprannaturale e quella naturale. *Se le richieste etiche della natura umana rientrano nell'itinerario di salvezza, il magistero ecclesiale, allora, ha il compito di porsi come luogo ermeneutico per un'autentica interpretazione di tali esigenze in vista di questo cammino salvifico.*

Il grado di competenza magisteriale sulla legge morale naturale spazia da un orizzonte di incontestabile *autorità* ad un altro di indirizzo *pastorale-disciplinare*, in quanto le stesse questioni di legge morale naturale hanno tanta autorità quanta ne hanno le ragioni esibite a loro sostegno. In questo senso il magistero è aperto all'aiuto proveniente dalle varie esperienze umane, cristiane e non cristiane proprio perché "la Chiesa ha bisogno particolare dell'apporto di coloro che, vivendo nel mondo, ne conoscono le diverse istituzioni e discipline e ne capiscono la mentalità, si tratti di credenti o di non credenti"[332].

6.4 La coscienza

E' necessario, prima di tutto, dire che il carisma magisteriale in relazione alle scelte etiche del soggetto si pone, come realtà pedagogico-ermeneutica per la coscienza del credente e in tale orizzonte assume, poi, la sua funzione di determinazione autorevole, come nel caso specifico, per le norme sull'etica della vita. Infatti, *le norme magisteriali sulle problematiche della vita non possono sostituirsi alla realtà della coscienza personale, né la coscienza le assume in modo acritico, passivo e irresponsabile ma, le accoglie, perché ravvisa in esse vere espressioni dei valori che rendono la vita autenticamente cristiana cioè umana.*

In ambito cattolico, perciò, la realizzazione della vita umana è provocata essenzialmente dal perseguimento di tali valori, come sintonia tra magistero ecclesiale e legge morale naturale. *Nel caso in cui un credente cattolico presenti un serio dilemma tra dimensione coscienziale autonoma*[333] *e valore magisteriale*[334] *su una questione della vita umana, come dovrebbe*

[332] Gaudium et Spes, 44.

[333] "Morale autonoma nel contesto teologico non vuol dire altro che morale da pensare conseguentemente a partire dalla libertà e dalla propria responsabilità umana." Merks K.W., *Autonomia,* in Wils J.P.-Mieth D. (edd.), *Concetti fondamentali dell'etica cristiana,* Queriniana, Brescia 1994, 314-318.

[334] Petrà B., *Teologia morale cattolica,* in Canobbio G.-Coda P., *la Teologia del XX secolo. Un Bilancio.3 prospettive pratiche,* Città Nuova, Roma 2003, 142-144.

comportarsi?[335] Innanzitutto, *la questione conflittuale tra coscienza soggettiva e magistero non dovrebbe darsi come abitudine,* perché il credente cattolico dovrebbe aver colto, nella fede, il compito del magistero ecclesiale, che non vuole inibire il discernimento morale soggettivo ma, si pone come servizio di mediazione tra le esigenze morali, espresse dalla Parola di Dio, e le situazioni della vita in cui il credente viene a trovarsi cioè ha un valore eminentemente pedagogico-ermeneutico.

Nel caso di problematicità sulla legge morale naturale sembrerebbe che la coscienza si presenti come una fonte autonoma[336] di valori o di principi morali. Però *la coscienza non può creare da sé stessa i valori, né può elaborare proposizioni normative*[337] *ma, individua e assume i valori della Rivelazione insieme a quelli della legge naturale, giungendo, dopo un cammino più o meno lungo, a far unità tra la dimensione soggettiva coscienziale e le indicazioni magisteriali.*

Infatti, il compito della coscienza[338] è il discernimento sulla declinazione dei valori esistenziali della vita. Le norme morali[339] magisteriali dell'etica cattolica si danno, allora, come modalità per attuare i valori della legge naturale grazie a proposizioni valide per tutti. Queste proposizioni vogliono essere semplicemente un aiuto per il giudizio di coscienza quando non si è raggiunta una coscienza morale matura o ci si ritrova in ricerca del bene relativo alle questioni della vita umana.

6.5 Etica della vita e declinazione fondamentale

Cosa significa declinazione fondamentale nella teologia morale cattolica?[340] Prima di tutto è da sottolineare che *l'etica della vita non è una scelta morale semplicemente umana,* come se il rispetto della vita dell'uomo[341] fosse

---

[335] Mieth D., *Teologia ed etica/Lo specifico del cristiano,* in Wils J.P.-Mieth D. (edd.), *Concetti fondamentali dell'etica cristiana,* Queriniana, Brescia 1994, 289-291.

[336] Petrà B., *Teologia morale cattolica,* in Canobbio G.-Coda P., *la Teologia del XX secolo. Un Bilancio.3 prospettive pratiche,* Città Nuova, Roma 2003, 139-142.

[337]Mieth D., *Scuola di Etica,* Queriniana, Brescia 2006, 155-162.

[338] Piva P., *Teologia morale generale o delle categorie morali fondamentali*, 162-184.

[339] La norma morale si presenta come relazione assiologica tra il corretto giudizio morale e il cosiddetto giudizio di priorità, che risponde alla domanda sul modo di agire giusto in una determinata situazione, tenendo conto anche delle conoscenze scientifiche inerenti. "E' il corretto giudizio morale che si formula valutando i valori nelle circostanze concrete e nelle concrete condizioni in cui si inserisce un'azione, il cosiddetto giudizio di priorità. Il corretto giudizio di priorità morale sembra essere una sorta di soluzione di un problema che, con il presupposto della domanda «come si agisce in modo giusto?», viene spiegata sottoforma di integrazione con le conoscenze scientifiche specialistiche." Mieth D., *Norma,* in Wils J.P.-Mieth D. (edd.), *Concetti fondamentali dell'etica cristiana,* Queriniana, Brescia 1994, 333.

[340] CEI, *L'esperienza cristiana*, in *La Verità vi farà liberi*, Libreria Editrice Vaticana, Roma 1995, 485-490.

[341] "Il rispetto, poiché anche nell'incontro con la vita creaturale ha per oggetto Dio quale origine misteriosa e fine ultimo dell'esistenza, esprime un'esperienza fondamentale dell'uomo creaturale, mediante la quale egli

interpretabile come una volontà permanente di tutelare i valori della vita in ordine al bene che essi esplicano. Il cristiano cattolico non può limitarsi a configurare l'etica della vita secondo un orizzonte umano di buona volontà sulla vita, anche se ciò è antecedente, nella morale cattolica, perché si pone come basilare per l'etica della vita stessa, per via dei presupposti naturali dell'essere umano[342]. *La profonda aspirazione che muove l'etica della vita è la tensione alla vita che esiste presso Dio e che non ha limiti temporali, in quanto il rispetto della vita umana e del creato è percezione e ringraziamento nei confronti di Dio*[343]. L'etica della vita ha bisogno dello Spirito di Cristo Risorto. Perciò, *la scelta fondamentale nell'etica della vita è quella di lasciarsi cambiare dallo Spirito mediante la partecipazione al mistero redentivo*: l'etica della vita del credente si configura come spirito di vita risorto col Signore.

Ciò accade attraverso la grazia sacramentale che si dà nella comunità ecclesiale[344], quale comunità caritativa in modo che *la responsabilità etica si indirizzi, non solo verso la promozione di un'autentica vita dei fratelli ma di tutto l'universo creato, del cosmo stesso*. Questa vita pneumatizzata dallo Spirito del Risorto affina le virtù morali[345] dell'uomo, le quali, acquisite con l'esercizio di atti buoni, sono necessarie ma non sufficienti per un'autentica etica della vita cristiana. Affinché la vita del credente esperisca un effettivo coinvolgimento con la vita trinitaria di Dio, lo Spirito Santo dona all'anima del cristiano gli abiti soprannaturali delle *virtù teologali*[346] *della fede, della speranza e della carità. Queste virtù elevano l'etica della vita secondo una dimensione soprannaturalizzata, cioè l'etica umana si rivela capace di agire secondo l'amore trinitario e si configura in sintonia con l'esistenza caritativa*

prende coscienza della propria vicinanza e distanza, della propria somiglianza e dissomiglianza con il suo Cratore." Schockenhoff E., *Etica della vita. Un compendio teologico,* Queriniana, Brescia 1997, 458.

342 Schockenhoff E., *Etica della vita. Un compendio teologico,* Queriniana, Brescia 1997, 85-98.

343 "Il rispetto riconosce nell'altro uomo l'immagine sovrana del Dio infinito, la cui potenza lo sottopone a se stesso." E nella scia di Francesco d'Assisi l'amore e il rispetto per il creato "presenta il servizio reso dalla creazione all'uomo e la sollecitudine di questi per le sue concreature come uno stretto reciproco rapporto, mediante il quale tutte le creature si dimostrano obbedienti al proprio creatore." Schockenhoff E., *Etica della vita. Un compendio teologico,* Queriniana, Brescia 1997, 459; 461.

344 Sesböé B., *Invitation à croire.II. Des sacrements crédibles et désiderables,* Cerf, Paris 2009, 29-39. "La struttura sacramentale non determina , infatti, solo la concezione teoretica fondamentale del cattolicesimo, ma anche la vita di fede del singolo che nella sua religiosità assume in modo rilevante il riferimento ai sacramenti. Non è un caso che la specificità del cattolicesimo venga trovata, a volte, nella «religiosità sacramentale», differenziandola in questo modo dalla religiosità «personale». Anche se tra queste due forme non esiste, ovviamente, una contraddizione vera e propria, la forte presenza nella vita della fede cattolica della struttura sacramentale non può essere negata." Scheffczyk L., *Il mondo della fede cattolica. Verità e forma,* Vita e Pensiero, Milano 2007, 141.

345 Goffi T., *Virtù Morali*, in *Dizionario Teologico Interdisciplinare*, 548-563.

346 La Delfa R., *Virtù teologali*, in *Nuovo Dizionario di Bioetica*, 1257-1261.

ecclesiale del corpo mistico di Cristo. Dopo aver denunciato i rischi intrinseci al concetto del soprannaturalismo[347], richiamati sopra, ora, non si può parlare della *dimensione soprannaturalizzata dell'etica*, senza tener conto della *svolta personalista* avvenuta nella teologia cattolica.

La teologia cattolica, in risposta alla nuova cultura antropocentrica moderna, ha centrato ed elaborato la propria riflessione etica - specialmente grazie al contributo della costituzione pastorale *'Gaudium et Spes' - su di una antropologia personalista cristiana, fondata sul primato cristocentrico.* Infatti la 'Gaudium et Spes' dice che, "solamente nel mistero del Verbo incarnato trova vera luce il mistero dell'uomo. (...) Cristo, che è il nuovo Adamo, proprio rivelando il mistero del Padre e del suo amore svela anche pienamente l'uomo a se stesso e gli manifesta la sua altissima vocazione. (...) Il cristiano poi, reso conforme all'immagine del Figlio che è il primogenito tra molti fratelli, riceve «le primizie dello Spirito» (Rm 8,23) per cui diventa capace di adempiere la legge nuova dell'amore. In virtù di questo Spirito, che è il «pegno della eredità» (Ef 1,14), tutto l'uomo viene interamente rinnovato, nell'attesa della «redenzione del corpo»"[348].

In tal senso, allora, si può parlare di un'etica della vita soprannaturalizzata perchè la scelta della prospettiva personalista permette di "dire che grazia non è solo Dio, nè solo l'uomo: è l'incontro di entrambi, perchè ambedue donano se stessi e si aprono all'altro. La grazia appare così come l'incontro di due amori nell'orizzonte della libertà. *Qui la gratuità non è vista nell'ottica giuridica del «non dovuto» ma in quella personalista dell'amore che si fa dono e che realizza la persona nella libera apertura al trascendente (sia orizzontale che verticale: l'altro uomo, Dio)*"[349]. Questa etica della vita elaborata dalla teologia cattolica come un'etica esistenziale soprannaturalizzata, supera

---

347 "La seconda scolastica (secoli XVI e XVII) elabora una sua teoria della «natura pura» legata ad un preciso concetto del soprannaturale. Suarez che lo intende come ciò che non è dovuto alla natura in alcun modo (*nec constituve, nec exigitive, nec consecutive*). Ma in questa maniera ciò che appare in positivo è solo la natura. La grazia è descritta in modo negativo (ciò che non compete alla natura). Questo suppone che in fondo l'uomo abbia esperienza solo della sua natura, e della grazia abbia solo una conoscenza e certezza di fede. In questo modo si rompe l'unità dell'uomo come essere aperto a Dio. L'uomo è visto come sostanza in sè compiuta che, di per sè, *de potentia Dei absoluta*, potrebbe realizzarsi anche senza la grazia, anche se di fatto, nell'ordine storico reale, cioè *de potentia Dei ordinata*, è chiamato ad una finalità soprannaturale. Per puntellare questa conclusione viene riesumato il concetto medievale di natura pura, intesa non più però come possibilità ipotetica e puramente teorica, ordinata all'affermazione della gratuità del soprannaturale (in questo senso pare accolta anche da Tommaso), ma come reale condizione storica posseduta da Adamo, dall'uomo prima del peccato e che interessa anche l'uomo decaduto. (...) Il limite sostanziale di questa teoria è la concezione del soprannaturale come accessorio rispetto ad una natura umana, considerata come natura autosufficiente." Panteghini G., *L'uomo alla luce di Cristo,* 97-98.

348 *GS* 22.

349 Panteghini G., *L'uomo alla luce di Cristo,* 107.

l'orizzonte morale umano, in quanto anticipa già la dimensione escatologica con la presenza in noi della vita dello Spirito[350]. *Per tale dinamica ontologica-esistenziale del credente in Cristo l'etica della vita si delinea come una declinazione fondamentale nella teologia morale cattolic*a[351].

La declinazione fondamentale come etica della vita si configura come la scelta basilare del Vangelo della vita, così come è stato delineato dall'enciclica 'Evangelium Vitae'[352]. L'etica della vita si pone come declinazione fondamentale per il credente cattolico in quanto *"il Vangelo dell'amore di Dio per l'uomo, il Vangelo della dignità della persona umana e il Vangelo della vita sono un unico e indivisibile Vangelo"*[353]. All'interno di tale processo, *l'etica della vita si coglie come pneumatizzata*, dove la coscienza morale porta in se stessa alcuni propri caratteri.

La coscienza morale si dà come luogo profetico[354], nel senso che porta a svelamento la dinamica della vita di Dio nell'oggi, cioè del suo regno, manifestato dalla sua volontà[355] per la vita. Inoltre, questa coscienza non si esplicita come adeguazione ripetitiva di norme, ma è vissuta quale momento del senso comunitario del corpo mistico ecclesiale di Cristo[356], che trascende la stessa Chiesa cattolica e si indirizza al contributo anche di coloro che non credono[357].

In conclusione, con una coscienza di questo tipo il credente cattolico partecipa all'accadimento salvifico della vita di Dio che si attua nella storia umana. La coscienza è autentico discernimento del peccato nell'esperienza storica inerente alla vita umana circa l'ordine dei valori antropologici, e giudica se l'azione umana dell'uomo nuovo[358] sia stata posta in sintonia con la vita di Dio

---

[350] In quanto "la persona, nella sua prospettiva cristico-trinitaria, è protesa alla sua perfezione escatologica". Goffi T., *Etica cristiana trinitaria,* EDB, Bologna 1996, 10.

[351] CEI, *L'uomo nuovo in Cristo*, in La *Verità vi farà liberi*, 393-460.

[352] Schockenhoff E., *Etica della vita. Un compendio teologico,* Queriniana, Brescia 1997, 477-492.

[353] Evangelium Vitae, 2.

[354] Seidl H., *Sintesi di etica generale, coscienza, libertà e legge morale,* Città Nuova, Roma 1994, 204-205. Mieth D., *Coscienza,*in Wils J.P.-Mieth D. (edd.), C*oncetti fondamentali dell'etica cristiana,* Queriniana, Brescia 1994, 314-318.

[355] Ef 5,18.

[356] In quanto "sia la Chiesa sia i singoli hanno la propria radice nella volontà santificatrice e santificante di Cristo, nella energia creatrice del Suo Spirito." Guardini R., *La realtà della Chiesa,*Morcelliana, Brescia 1979[3], 228.

[357] *GS* 22. Infatti, "ogni animo rettamente etico, sia pure non cristiano e in modo non cosciente, vive nell'amore cristico caritativo in virtù dello Spirito. Esso è chiaramente predestinato a vivere non solo eticamente ma spiritualmente nello Spirito cristico, e venire confortato eternamente nella vita beata caritativa." Lorenzetti L., *Tullo Goffi, dare un'anima alla morale,* EDB, Bologna 2000, 62.

[358] "L'uomo nuovo è l'essere umano che viene progressivamente acquistando la propria maturazione umana soprattutto in relazione con l'altro e la sua perfezione spirituale come dono di Dio in Cristo." Goffi T., *Etica cristiana trinitaria,* EDB, Bologna 1996, 32.

nello Spirito di Cristo.
La *coscienza* nel giudicare la vita si confronta con la vita dell'uomo intesa come immagine di Dio, partecipe del mistero pasquale del Signore, in ascolto del suo Spirito. Il *peccato* si configura, perciò, come offesa a Dio, al Dio che è vita[359]. Il peccato conduce alla morte dell'immagine della vita in noi[360], provocando una divisione nella vita del corpo ecclesiale tutto unito nell'amore di Cristo. Dinanzi al peccato nei confronti della vita che porta semplicemente alla morte si esce mediante la *conversione,* che attua una reale trasformazione esistenziale mediante la riconciliazione con la vita di risurrezione nello *Spirito*, che è l'autentico datore della vita.

---

[359] Dt 5,23; Sir 18,1.
[360] Rowan D. C., *Life and death*, in Dictionary of the Ecumenical Movement, WCC Publications Geneva-Eerdmans Grand Rapids (Michigan, USA) 199, 610-612.

Terzo capitolo
La vita dell'uomo nella teologia orientale

Per riuscire ad abbozzare il tema della vita in declinazione ortodossa a livello antropologico, prima di tutto, mi sembra necessario offrire qualche spunto intorno alle *radici della divinizzazione*, che sta a fondamento della visione della vita nella storia teologica orientale, inteso come espressione della grazia[361] di Dio nei confronti dell'esistenza dell'uomo, così da scoprirne *l'humus originario elaborato dai padri greci*, che sono riferimento imprescindibile per il pensiero ortodosso. In primo luogo, diciamo subito che nel mondo della teologia ortodossa[362] la vita in rapporto alla dimensione antropologica si declina come *ristabilimento della somiglianza con Dio*[363], come dinamica divinizzante circa la vita dell'uomo.

La vita si situa nell'uomo come dono di Dio, a cui l'uomo si protende nel compimento del suo disegno salvifico. Questo dono di Dio, che sviluppa la vita dell'uomo, può realizzarsi mediante la sua grazia. La grazia si manifesta come il dono dello Spirito Santo che nell'anima porta a divinizzazione tutta la vita umana. La restaurazione della vita dell'uomo operata da questa energia potente di Dio che si pone come somiglianza con Lui, accade secondo una *decisiva azione sacramentale*[364]. I sacramenti portano nella vita dell'uomo un'accoglienza trasformante aperta allo Spirito, che rende la natura umana terreno fertile, dove le *energie di Dio* si esprimono nella realizzazione della vita stessa antropologica.

Questi dati teologici possiamo rinvenirli originariamente nella riflessione dei padri greci. Nei *padri greci* la dimensione della vita dell'uomo si dà come prospettiva teologica nel senso che la grazia sublima la vita dell'uomo, secondo un processo deificante e sempre più di collaborazione partecipativa

---

[361] Evdokimov P.N., *L'ortodossia,* EDB, Bologna 1981, 22-24; 63-170; 381-436.

[362] "La verità dell'ortodossia è il dato dell'amore di Dio per l'uomo: è il dono della divina economia che crea nei fedeli un dovere corrispondente e una corrispondente responsabilità della pace e dell'unità tra loro." Mantzaridies G.I., *Etica e vita spirituale. Una prospettiva ortodossa,* EDB, Bologna 1989, 91.

[363] "La somiglianza è la fedeltà a se stesso dell'uomo in quanto immagine di Dio, una fedeltà posta e nutrita dalla libertà; è fin da principio un compito da realizzare, che esige la coerenza dell'ethos. Come dice Giovanni Damasceno:'l'espressione indica l'assimilazione a Dio attraverso la virtù'. (La fede ortodossa, II,12)." Petrà B., *L'etica ortodossa. Storia, fonti, identità,* Cittadella Editrice, Assisi 2010, 59.

[364] "I sacramenti si rivelano così vie di realizzazione della verità personale-trinitario/comunionale dell'uomo." Petrà B., *L'etica ortodossa. Storia, fonti, identità,* Cittadella Editrice, Assisi 2010, 59.

alla vita di Dio[365]. Questo indirizzo teologico è sottolineato in modo particolare, per esempio, dallo *Pseudo-Dionigi.* Coglie il processo divinizzante, promosso da Dio nella vita dell'uomo, a livello specialmente *intellettuale*[366], nel senso che tale rapporto si connota in modo sistematico come realizzazione dell'immortalità personale della vita dell'uomo, che potremo tradurre nella teologia ortodossa come valenza tipica della grazia creata.

Un altro orizzonte presente nei padri greci è quello relativo alla divinizzazione della vita umana in quanto *relazione al Logos fatto uomo*, nel senso che sussiste una dimensione conferita da Cristo nei confronti degli uomini, che, in quanto tali, esprimono la loro valenza antropologica come suoi fratelli. In questo orientamento cristologico, presente in modo particolare nella teologia alessandrina con *Origene*, si danno modalità di *partecipazione divinizzante* che si riflettono nella vita dell'uomo, come dinamica comunionale restaurata in Cristo per opera della sua redenzione[367].

Nei *padri cappadoci* la prospettiva viene posta in modo precipuo nell'azione vitale ed efficace dello *Spirito Santo.* Questo orientamento di matrice pneumatologica evidenzia il ruolo che lo Spirito Santo in Cristo ha nei confronti della divinizzazione della vita umana. La sua discesa opera la reale partecipazione della nostra vita nella vita divina. In tale processo fondamentale è il sacramento battesimale con il quale lo Spirito Santo permane nei cristiani e produce un movimento unitivo in Cristo, in modo da rendere plausibile parlare di corpo e tempio unico, protesi alla vita di risurrezione gloriosa, compimento dell'agire di santificazione e di divinizzazione[368]. *Nella teologia patristica greca queste tre diverse modalità ermeneutiche sono espressioni convergenti del darsi della grazia della vita increata cioè della vita trinitaria*[369], come origine sorgiva della grazia della

---

[365] Panteghini G., *L'uomo alla luce di Cristo,* 57-63.

[366] Il processo divinizzante a livello individuale nello Pseudo-Dionigi si situa dal "momento in cui la mente 'viene unificata con quei raggi abbaglianti, e da tale momento in poi è illuminata dalla imperscrutabile profondità della Sapienza.'" Pseudo-Dionigi cit. in Hick J., *La quinta dimensione. Alla scoperta della dimensione spirituale della natura umana,* Edizioni Mediteranee, Roma 2006, 174

[367] Carpin A., *La redenzione in Origene, S.Anselmo e S.Tommaso,* Edizioni Studio Domenicano, Bologna 2000, 35-65.

[368] Nei padri cappadoci, il ruolo dello Spirito Santo in questo processo divinizzante inizia col battesimo perché c'è "una stretta unione fra la grazia dello Spirito Santo, che si riceve tramite il battesimo, e l'impegno personale nell'edificazione della virtù. (...) Infatti, tramite il battesimo, la grazia dello Spirito restituisce all'anima, deturpata e offuscata dai peccati, la sua bellezza originaria, ma in seguito è solo l'impegno della virtù che le consente di raggiungere una più alta dimensione spirituale e una completa maturità." Moreschini C., *I Padri cappadoci. Storia, letteratura,teologia,* Città Nuova, Roma 2008, 346.

[369] La vita trinitaria, quale evento convergente dell'azione di Dio in Cristo mediante lo Spirito Santo, "è la risposta della Chiesa alle domande sulla vita e sulla morte, è l'illuminazione del mistero dell'esistenza, la

vita creata, che si esplicita in quanto santificazione e divinizzazione della vita antropologica. Nella teologia dei padri greci il fulcro della vita della grazia consiste nella reale vita d'amore trinitario, la quale si riflette nella dinamica esperienziale della vita degli uomini[370]. Tutto ciò si modula da parte del Padre con l'invio del Figlio e dello Spirito Santo: è il dono trinitario alla vita dell'umanità. Non si evidenzia come capacità meramente umana che nasce dalle potenzialità esistenziali antropologiche ma, si situa come umile accoglienza della vita divina che sviluppa, contemporaneamente, l'apertura e la libera cooperazione dell'agire dell'uomo nei riguardi di Dio, in attesa della speranza del compimento finale da parte di Gesù Cristo.

La vita di Dio in quanto grazia che interseca la vita dell'uomo nel momento sacramentale-ecclesiale chiede una risposta dell'uomo, intesa come vita comunionale, realizzazione del progetto divino, che dall'eternità Dio ha sulla vita umana. In tal senso, se da una parte nella teologia dei padri cappadoci si mette l'accento sulla signoria e trascendenza di Dio, dall'altra si deve rispettare la vita dell'uomo come risposta di libertà, nel senso che l'uomo si pone come essere libero[371], nel suo essere co-protagonista in questa relazione, donata dall'amore trinitario. Se ora vogliamo dare un giudizio intorno al pensiero teologico inerente al rapporto tra divinizzazione e vita dell'uomo nei padri greci, *possiamo dire che questi tre orizzonti ermeneutici, - teologico, cristologico, pneumatologico - esprimono insieme una prospettiva di tipo positivo, ottimistica della vita dell'uomo.*

Questa vita viene declinata secondo le categorie di immagine e somiglianza. Queste due modalità d'interpretazione del rapporto tra la vita di Dio e la vita dell'uomo permettono di creare una relazione esistenziale sussistente che rispetta sia l'identità antropologica e la sua libertà - che il peccato non ha compromesso - sia la graduale ricostruzione della somiglianza, che lo Spirito Santo produce nella vita umana, la quale, affrancata dal peccato e dinamicizzata dalla vita trinitaria, si connota come corpo del Signore Risorto[372]. La fondazione di questo movimento esistenziale è Dio-Trinità, il

---

rivelazione della possibilità di raggiungere una vita vera, libera dal tempo e dalla corruzione." Yannaras C., *La fede dell'esperienza ecclesiale. Un'introduzione alla teologia ortodossa,* Queriniana, Brescia 1993, 58.

[370] Bravo G., *Cosmo e storia della salvezza: la creazione tra peccato e* grazia, in *Credere Oggi* 33 (1986) 43-53.

[371] "Se non si svolge come amore, l'esistenza non fonda nessuna vita; e questa eventualità è una possibilità offerta alla libertà della persona, perché solo la persona, e solo grazie ad un'attuazione della libertà, può realizzare la vita come amore." Yannaras C., *La fede dell'esperienza ecclesiale. Un'introduzione alla teologia ortodossa,* Queriniana, Brescia 1993, 57-58.

[372] Panteghini G., *L'uomo alla luce di Cristo,* 57-63.

quale provoca, nella libertà umana[373], una risposta collaborativa da parte dell'uomo. In questo senso, *c'è speranza per il compimento autentico della vita umana, perché essa si sostiene nella speranza e fiducia in Dio. In tale ottica la vita dell'uomo è colta più in senso comunitario che come vita singola[374], la quale è tassello di un mosaico aperto ad una vita cosmica unitaria in Cristo morto e risorto.* Questa vita raccoglie in sé l'inizio della creazione, insieme all'evento della redenzione, il tempo e lo spazio, la storia e la natura, l'individuo singolare e tutta l'umanità. Secondo questo disegno di ricomposizione vitale di immagine e somiglianza della vita antropologica la scaturigine fontale di tale processo esistenziale è l'amore trinitario agapico[375] a cui l'uomo liberamente aderisce.

1. Antropologia ortodossa

Nella teologia orientale la vita della grazia è dinamica esistenziale antropologica[376], che si incontra in maniera unica e irripetibile nel momento della celebrazione dei misteri divini. Tra teologia ortodossa e patristica greca sussiste una continuità di reciprocità. Sia per l'una che per l'altra, il mistero della vita della grazia è il mistero della divinizzazione o deificazione (theósis) della vita antropologica, che il Padre produce nella creatura umana mediante il Figlio e lo Spirito Santo, donati per la vita degli uomini. Però *il mistero della divinizzazione che l'azione trinitaria provoca nell'esistenza umana deve essere collocato nella realtà dell'uomo peccatore.*

La divinizzazione della vita dell'uomo può avvenire al di là del peccato, grazie

---

373 E' Dio che sostiene e rende autentica la libertà dell'uomo perché "è la libertà di una Persona che realizza l'esistenza, perché questa Persona ama. A partire da ciò, le qualità che noi attribuiamo a Dio, misurate dalle capacità della nostra ragione umana e del nostro linguaggio, non possono essere considerate come delle caratteristiche imposte all'esistenza divina dalla sua natura o Essenza, bensì come delle conseguenze del modo dell'esistenza personale." Yannaras C., *La fede dell'esperienza ecclesiale. Un'introduzione alla teologia ortodossa,* Queriniana, Brescia 1993, 56.

374 La vita dell'uomo singolo appartiene ad una dimensione plurale perché è se stessa "se non di fronte a qualsiasi altra esistenza, attraverso una relazione, un rapporto." Yannaras C., *La fede dell'esperienza ecclesiale. Un'introduizone alla teologia ortodossa,* Queriniana, Brescia 1993, 50.

375 "L'agape, in quanto «potenza unitiva e connettiva», guida l'uomo da una parte alla comunione con gli altri uomini e dall'altra al rapporto religioso cioé alla relazione e comunione con Dio." Mantzaridies G.I., *Etica e vita spirituale. Una prospettiva ortodossa,* EDB, Bologna 1989, p.106. Yannaras C., *La fede dell'esperienza ecclesiale. Un'introduzione alla teologia ortodossa,* Queriniana, Brescia 1993, 54-56.

376 Se la grazia di Dio in Cristo non operasse una reale divenire della vita umana, allora non si potrebbe parlare di divinizzazione o deificazione. Ma questo è impossibile perché "nella persona del Cristo la natura umana è stata deificata ed è stata suscitata la radice nuova che è in grado di trasmettere la vita e l'incorruttibilità a tutti i suoi germogli. I fedeli che sono incorporati al Corpo di Cristo diventano partecipi della grazia e della vita di Dio. Così quel che era impossibile ed inaccessibile per l'uomo gli è diventato possibile e accessibile con l'uomo-Dio. Il Cristo come uomo-Dio aveva tutta «la pienezza della divinità» (Col 2,9). «E dalla sua pienezza noi tutti abbiamo ricevuto». (Gv 1,16)." Mantzaridies G.I., *Etica e vita spirituale. Una prospettiva ortodossa,* EDB, Bologna 1989, 200.

al dono delle energie di Dio, che sono la sede della divinizzazione della vita umana cioè della relazione tra la vita di Dio e quella dell'uomo, inteso antropologicamente, quale icona dell'immagine e somiglianza di Dio. In questa interpretazione della vita della grazia è implicita un determinata ermeneutica dell'essere e della vita dell'uomo, colta secondo modalità di un movimento esperienziale dinamico, fondato sul concetto biblico antropologico relativo all'immagine e somiglianza divine.

La vita dell'uomo, dentro la quale Dio ha immesso il suo alito di vita, è, dall'istante iniziale, sostenuta dalla vita di Dio. *La vita antropologica ha come modello l'immagine e la somiglianza della vita divina; si può cioè dire che la vita dell'uomo è creata, è costituita, nella sua stessa natura d'essere, come l'essere della vita che è coinvolto nella vita di Dio.* L'uomo nel suo situarsi esistenziale realizza se stesso nella verità della sua umanità soltanto quando esperisce la sua vita nella vita agapica di Dio-Trinità o, che è la stessa cosa, allorché vive la sua vita nella grazia di Dio, essendo compartecipe delle possibilità d'essere e di agire proprie dell'Amore unitrinitario di Dio, che in tal senso, si pongono specialmente a livello di vita spirituale e immortale.

Le qualità divine, in quanto energie di Dio-Trinità, non devono essere colte nel senso di caratteri gratuiti in sovrappiù alla vita della natura umana, la quale potrebbe darsi in perfezione anche senza il loro contributo. Sono, invece, quel*la grazia della divinizzazione* da parte dell'amore agapico di Dio, che *porta a compimento la natura antropologica*, nella pienezza della reale verità intorno alla vita stessa dell'uomo. In ciò risiede la vita dell'uomo, perché *nell'essere della natura umana*[377]*, vi è impressa dinamicamente l'impronta della vita intratrinitaria d'amore di Dio, cioè la vita umana si dà come teofora*[378] *e si esprime secondo modalità esistenziali di tipo essenzialmente nuziale*[379]*, nel senso che l'uomo, nella declinazione della sua vita, si ritrova in vocazione, chiamato all'unità con l'amore di Dio, a causa delle nozze con la vita di Dio e, parimenti, ciò si riverbera anche come unità con la vita degli*

[377] "Il mistero della vita trinitaria ci rivela il mistero della persona umana e la massima norma o condizione della sua realizzazione finale." Evdokimov P.A., *La vita trasfigurata in Cristo*, 29.

[378] E' teofora perché "ciascun essere umano è un'esistenza personale che può 'ipostatizzare' (dare realtà a) la vita come amore, come libertà dai limiti della propria natura creata, come libertà da qualsiasi necessità, al modo del Dio increato." Yannaras C., *La fede dell'esperienza ecclesiale. Un'introduzione alla teologia ortodossa,* Queriniana, Brescia 1993, 85-86.

[379] Nuziale, posta cioè in modo irreversibile ed indissolubile perché origina come creazione di Dio-Trinità. "Ciò significa che ogni uomo può realizzare la propria esistenza come il Cristo, ovvero come persona, proprio come le persone della Divinità trinitaria; può realizzare la vita come amore, come libertà e non come naturale necessità. La vita può diventare in tal modo eterna e incorruttibile proprio come la vita divina di pericoresi e di comunione trinitaria." Yannaras C., *La fede dell'esperienza ecclesiale. Un'introduzione alla teologia ortodossa,* Queriniana, Brescia 1993, 86.

altri. La vita dell'uomo partecipa costitutivamente alla vita d'amore di Dio, però, ciò si situa come movimento reciprocamente dinamico, nel senso che lo spirito d'amore proveniente dalla vita agapica di Dio si dona fin dall'inizio alla vita antropologica, ponendosi, contemporaneamente, come compito che sviluppa in essa la crescita della vita divina, ermeneuticamente letta secondo le categorie di immagine e somiglianza. *La vita dell'uomo è creaturalità come datità oggettiva, cioè come immagine della vita di Dio ma, questa vita antropologica è interpellata, in se stessa, a divenire sempre più progettualità di Dio, assimillandosi, nella somiglianza, alla vita agapica trinitaria.*
Ciò vuol dire però che, in tale processo esistenziale agapico, troviamo una profonda e intima sovrapposizione tra vita agapica dell'uomo e la vita agapica di Dio-Trinità, cioè quasi non si dia più alcuna distinzione fra la vita della natura umana e la vita della grazia divina, fra l'agire libero dell'uomo e quello di Dio[380]. La sorgente feconda della vita della grazia porta, nella vita dell'essere e dell'agire dell'uomo, la pienezza dell'uomo in quanto tale, nel senso che la vita dell'uomo si compie tanto più libera quanto più è coinvolta dallo spirito agapico vitale della energia divina[381].
Allora *divinizzare la vita dell'uomo in senso olistico e pieno vuol dire situare la vita antropologica, quale evento di una misteriosa sinergia, cioè di un'autentica e sinfonica collaborazione tra la vita dell'opera della grazia divina e quella della libertà umana. Tenendo presente tali connotazioni teologiche dell'ortodossia, si può intuire l'orizzonte ermeneutico con il quale nell'Oriente cristiano si leggono la datità del peccato*[382] *e l'evento fondativo dell'incarnazione.*[383]

---

[380] E' questo il pericolo che si corre quando non si sottolinea sufficientemente la distinzione fra realtà divina e realtà umana nel processo di divinizzazione in quanto "la comunione della deificazione è comunione di persone e come comunione di persone è comunione di amore e libertà." Mantzaridies G.I., *Etica e vita spirituale. Una prospettiva ortodossa,* EDB, Bologna 1989, 205.

[381] "In questo modo, le Persone divine ci introducono al loro 'ethos', al loro modo di esistere (la vita ipostatica) e di operare, ci 'iniziano' alla vita divina." Evdokimov P.A., *La vita trasfigurata in Cristo*, 30.

[382] "Per meglio comprendere l'essenza del peccato è necessario vedere cosa è la liberazione da esso, cioè la salvezza offerta da Cristo all'uomo. L'uomo che vive nel peccato è schiavo della corruzione e della morte. Le sue azioni, i suoi pensieri, le sue operazioni ed i suoi desideri sono definiti dall'interesse personale. Non è disposto ad aprire il suo cuore per fare spazio agli altri, per amarli, per vederli come immagine di Dio, che è il creatore e la fonte della vita di tutti gli uomini. La corruzione e il peccato sono situazioni peccaminose alle quali l'uomo è sottomesso quando perde la sua comunione con la fonte della vita, Dio." Mantzaridies G.I., *Etica e vita spirituale. Una prospettiva ortodossa,* EDB, Bologna 1989, 122. "L'uomo tuttavia ha perduto con il peccato solo la somiglianza con Dio, non l'immagine.(...) L'immagine di Dio nell'uomo è l'uomo stesso." Spiteris Y., *Palamas: la grazia e l'esperienza. Gregorio Palamas nella discussione teologica,* Lipa, Roma 1996, 72, 76. Stavrou M., *Le energie divine. La trasfigurazione del corpo e del cosmo nella teologia bizantina,* in AA.VV., *Le ricchezze dell'Oriente cristiano. Teologia, spiritualità, arte,* Paoline, Milano 2004, 69-78.

[383] E' importane sottolineare che l'incarnazione è colta quale dimensione kenotica di Dio in Cristo nel senso

1.1 Il peccato originale e l'incarnazione del Dio-uomo

La progettualità creativa esistenziale della vita agapica da parte di Dio nei confronti della vita dell'uomo garantisce la pienezza della realizzazione della vita della natura umana e, con essa, anche di quella cosmologica[384]. Anche se *tale processo agapico accade nella partecipazione alla vita della grazia divina, questo disegno di Dio, nei confronti della vita antropologica, col peccato originale si ritrova profondamente pregiudicato.* A causa del peccato delle origini, la vita dell'uomo non è esperita come appesantita da una colpa cui si deve rimediare; non è privata di qualcosa di aggiuntivo ma, smarrendo la vita della grazia agapica divina, è colta senza il suo essere e divenire somiglianza della vita di Dio: *la vita dell'uomo, in quanto tale, non può più darsi, perché l'uomo ha perso se stesso e ha sciupato l'essere della vita della sua natura umana*[385].

Ciononostante la vita di Dio - in quanto immagine oggettivamente posta nel cuore dell'uomo, nel senso che *la vita dell'uomo è intrinsecamente predestinata alla divinizzazione* - *non può andar persa. Questa vita agapica trinitaria divina permane viva e celata nella vita dell'uomo come nostalgia, come chiamata, appello ardente della sua natura originaria, dell'immortalità smarrita, dello ristabilimento dell'intera vita cosmologica*[386]. Si intuisce, allora, che l'evento centrale dell'incarnazione redentiva del Figlio di Dio in Cristo non è inteso come penitenza e soddisfacimento di una colpa commessa ma, come ripristino del movimento divinizzante delle origini, cioè si colloca come una

---

che "questa kenosi della divinità della persona del Cristo è frutto della libertà personale divina, della libertà del Figlio e Verbo di Dio incarnato. Essa non modifica nè incide sull'unione reale della nature divina e umana nel Cristo. Libero da qualsiasi determinismo di Essenza o di natura, Dio può ipostatizzare nella propria persona non soltanto il suo Essere proprio (la sua Essenza o Natura), ma anche l'essere dell'uomo." Yannaras C., *La fede dell'esperienza ecclesiale. Un'introduzione alla teologia ortodossa,* Queriniana, Brescia 1993, 86. Allora in prospettiva dell'etica della vita "l'incarnazione del Verbo è l'unica possibilità di ristabilimento dell'autenticità dell'ethos: l'uomo infatti può personificarsi partecipando al modo di esistenza personale della natura umana che solo in Cristo è pienamente data. E tale partecipazione è veramente possibile in forza dell'incarnazione." Petrà B., *L'etica ortodossa. Storia, fonti, identità,* Cittadella Editrice, Assisi 2010, 63.

[384] Il cosmo all'interno di questa processo è colto come luogo di trasfigurazione da parte dell'amore trinitario in cui la vita divinizzata antropologica opera in quanto "l'uomo è il sacerdote dell'intera creazione divina." Yannaras C., *La fede dell'esperienza ecclesiale. Un'introduzione alla teologia ortodossa,* Queriniana, Brescia 1993, 73.

[385] L'uomo col peccato originale svilisce ma non distrugge l'immagine di Dio inscritta nella natura del suo essere."Questa immagine è il modo di esistenza personale, il modo della Trinità, dell'amore delle persone, dell'amore che solo può unificare la vita, la volontà e l'energia della natura." Yannaras C., *La fede dell'esperienza ecclesiale. Un'introduzione alla teologia ortodossa,* Queriniana, Brescia 1993, 113.

[386] Questa chiamata alla vita di Dio coinvolge non solo la vita dell'uomo ma anche quella del cosmo, coinvolto nella caduta originata dal peccato iniziale. Yannaras C., *La fede dell'esperienza ecclesiale. Un'introduzione alla teologia ortodossa,* Queriniana, Brescia 1993, 116-119.

ri-creazione[387] della vita della natura umana dal di dentro e, quindi. come ricapitolazione di tutta la vita cosmologica creata[388]. In sintesi, *Dio diviene uomo perché l'uomo diventi dio, che possiamo esplicitare dicendo che la vita di Dio diviene vita dell'uomo, perché la vita dell'uomo diventi vita di Dio cioè una vita di santità*[389]. Nel mistero dell'incarnazione la vita della natura umana e, in essa la vita dell'umanità intera e del cosmo, viene innalzata e fatta propria dalla vita del Verbo e ciò permette quella partecipazione alla vita divina e immortale, per la quale è stata creata, come gloria di Dio[390].

1.2 La morte e la risurrezione del Dio-Uomo

L'evento della morte e risurrezione di Cristo risorto diviene così il compimento archetipico della vita umana, nel senso che si configura come modalità esemplare, originaria, primordiale della vita dell'uomo nella sua più piena realizzazione d'essere e d'agire esistenziale. *Nell'uomo-Dio risorto la vita della natura umana ha già solennizzato le nozze con la vita di Dio*[391]. *Perciò, il movimento esistenziale di divinizzazione, che l'accadimento redentivo in Cristo ha ristabilito e che viene già ora partecipato alla vita dell'uomo nella Chiesa mediante i misteri della vita liturgica, va colto quale via conformativa*[392] *alla vita esistenziale di Cristo risorto, resa traducibile dall'azione pneumatologica dell'opera dello Spirito Santo*.

Anche se la vita umana è condizionata dal peccato delle origini, la verità del

---

[387] Il concetto di ri-creazione è colto come effetto della redenzione di Cristo, come "necessità ontologica inerente all'ordine della grazia e non da una necessità giuridica: essendo la grazia partecipazione reale alla natura di Dio, solo l'Uomo-Dio poteva ridare all'uomo la sua vera natura. La redenzione, più che una giustificazione giuridica, è una nuova creazione." Spiteris Y., *Cabasilas. Teologo e mistico bizantino,* Lipa, Roma 1996, 77-78. "La vita tutta intera del credente, ogni piega della sua esistenza, è preparazione alla partecipazione o partecipazione stessa ai doni dello Spirito Santo, alla 'ri-creazione' della vita. Questa ri-creazione trova il suo punto di partenza dinamico nell'atto che suggella l'ingresso nella Chiesa, nell'atto con il quale noi diventiamo membra del corpo ecclesiale, il Battesimo e la Cresima." Yannaras C., *La fede dell'esperienza ecclesiale. Un'introduzione alla teologia ortodossa,* Queriniana, Brescia 1993, 176.

[388] Evdokimov P.A., *La vita trasfigurata in Cristo*, 105-115.

[389] Vetrali T., *Il Santo e l'esperienza di Dio,* Paoline, Milano 2000, 245-248.

[390] E' il ristabilimento del progetto originario creativo da parte di Dio nei confronti della creazione perchè con il peccato "l'uomo non vide più nel mondo il suo Creatore per dargli il dovuto onore. Al contrario ha scambiato le cose create con il Creatore. Gesù con la sua vita, morte e risurrezione, dà al Padre la «gloria» dovuta. In Lui la creazione è «giustificata», cioé riprende il suo giusto posto di fronte a Dio come manifestazione della filantropia divina e l'uomo in Cristo, riconoscendo nel mondo la bontà e l'onnipotenza del Creatore, gli rende la gloria dovuta. (...) In ultima analisi, l'incarnazione è «gloria» di Dio perché costituisce la più completa teofania della natura di Dio, che è bontà messa servizio degli uomini." Spiteris Y., *Cabasilas. Teologo e mistico bizantino,* Lipa, Roma 1996, 79.

[391] Evdokimov P.A., *La vita trasfigurata in Cristo*, 142-143.

[392] Conformarsi alla vita esistenziale di Cristo Risorto "perché questa carne stessa di cui noi siamo rivestiti, anche se non cessa di derivare la propria esistenza dalle sue funzioni biologiche, è della stessa natura della carne del Cristo Risorto che partecipa alla vita della Trinità." Yannaras C., *La fede dell'esperienza ecclesiale. Un'introduzione alla teologia ortodossa,* Queriniana, Brescia 1993, 160.

progetto originario di Dio inerente alla vita dell'uomo e l'evento fondativo dell'incarnazione redentrice del Figlio, morto e risorto, finalizzato alla piena realizzazione della vita antropologica, consentono alla riflessione teologica orientale, perciò, di considerare in *un'ottica ottimistica la vita umana*[393], perché mediante le *energie di Dio* la divinizzazione dell'esistenza dell'uomo è possibile.

1.3 Le energie

Nella vita di grazia, la vita intratrinitaria agapica si esplica donandosi, alla vita dell'uomo, assumendola e realizzandola, sempre più, simile alla vita di Dio-Amore, come vita di uomo divinizzato, anzi vita di «dio» stesso per comunicazione e partecipazione[394]. Permane, allora, la distinzione tra la vita di Dio e la vita antropologica? Non si viene ad eliminare il divario profondo e radicale tra la vita di Dio e quella dell'essere e dell'agire dell'uomo, che consente di distinguere e conservare l'assoluta trascendenza della vita divina ed impedisce di cadere in una visione panteistica di tale relazione?
Ci chiediamo *come sia possibile conciliare l'inconoscibilità e la conoscibilità di Dio, la sua incomunicabilità e la possibilità di comunicare realmente con Lui*? Secondo *san Gregorio Palamas*[395] bisogna ammettere *in Dio*, oltre alla distinzione fra l'essenza e le tre Persone, un'altra modalità della sua vita, cioè *quella tra la sua essenza, a cui è impossibile accedere e le sue energie o operazioni, che derivano dalla sua essenza di vita agapica trinitaria*.

---

393 La visione ottimistica sulla vita umana nasce, perciò, come imitazione della vita di Dio in Cristo. "Il Dio trascendente e inaccessibile rivelatosi al mondo e fattosi conoscere agli uomini li chiama all'imitazione. L'imitazione di Dio non conduce l'uomo all'alienazione ma al contrario alla valorizzazione della sua esistenza." Mantzaridies G.I., *Etica e vita spirituale. Una prospettiva ortodossa,* EDB, Bologna 1989, 49.

394 Evdokimov P.N., *La vita trasfigurata in Cristo*, Lipa, Roma 2001, 29-80.

395 San Gregorio Palamas (1296-1359), monaco del Monte Athos e poi arcivescovo di Tessalonica, nella teologia ortodossa è studiato e visto come un padre della chiesa in quanto ha scagionato e difeso gli esicasti dalle accuse di Barlaam. Gli esicasti praticavano un metodo ascetico e mistico nel silenzio ('esichia'), mediante l'ininterrotta invocazione del nome di Gesù, che porta all'unione dell'intelletto e del cuore, visto come il centro dell'uomo. Barlaam li definiva 'omfalopschici', (coloro che mettono l'anima nell'ombelico), perché pregavano, incurvati, guardando l'ombelico; li accusava di essere messaliani (i messaliani erano eretici, condannati dal Concilio di Efeso del 431: insegnavano che satana e lo Spirito Santo coabitano nell'anima del battezzato perché il battesimo è inefficace contro satana; solo la preghiera riesce a scacciarlo con potenza quasi magica dall'anima del battezzato; inoltre diceva che gli esicasti pretendevano di vedere la luce di Dio, cosa impossibile in quanto l'essenza di Dio è inaccessibile all'uomo. San Gregorio Palamas risponde a Barlaam intorno alla comunicabilità di Dio all'uomo, grazie alla dottrina della distinzione tra l'essenza divina e le energie di Dio, rivelando e illustrando in modo razionale che la deificazione e l'esperienza della luce di Dio, la cosiddetta 'luce taborica' (la luce sperimentata presso il Monte Tabor dai tre apostoli) non tolgono valore e significatività all'esperienza della dottrina apofatica (apofasi significa 'ascensione', 'salita') cioè dell'esperienza di Dio, vissuta dagli esicasti perché Dio resta se stesso, cioè non-partecipabile nell'essenza ma, nelle energie divine, è partecipato totalmente. Meyendorff, *San Gregorio Palamas e la mistica ortodossa*, Torino 1976,57-72; Spiteris Y., P*alamas: la grazia e l'esperienza*, Lipa, Roma 1996, 63-122.

Nelle sue energie la vita dell'amore di Dio straripa dalla sua essenza, si rivela al di fuori di essa, si dona, si dà. Perciò "l'illuminazione e la grazia divina e deificante non è l'essenza, ma l'energia di Dio"[396] e questa è "una forza e operazione comune della Trinità"[397]. *Questa visione intorno alla distinzione tra l'essenza della vita di Dio e la vita delle sue energie è stata anticipata negli scritti dei padri greci.* Possiamo rammentare per esempio *San Basilio* che scrive circa la funzione rivelatrice della vita delle energie divine: "Pur affermando che noi conosciamo Dio nelle sue energie, non promettiamo affatto di avvicinarLo nella sua essenza. Infatti, se le sue energie discendono fino a noi, la sua essenza rimane inaccessibile."[398]

Elaborata e ordinata secondo nuove modalità da Gregorio Palamas, questa dottrina è stata accolta e riconosciuta ortodossa a Costantinopoli in vari sinodi del XIV secolo. *Le energie, spiega Gregorio Palamas, sono Dio stesso, non secondo la vita agapica della sua sostanza, ma secondo la vita agapica della sua Rivelazione.* Si tratta di due modi dell'esistenza della vita di Dio: uno della vita di Dio in se stesso, cioè nella vita della sua essenza, e l'altro nella vita fuori di sé, fuori della sua essenza[399]. *Comuni alle tre Persone divine, le energie divine sono increate senza sottrarre nulla all'unità di Dio.* L'uomo, in quanto uomo, non può essere partecipe della vita relativa all'essenza di Dio. Però può essere in reale comunicazione con la vita delle energie o operazioni divine, in cui Dio è radicalmente e totalmente presente, senza dover abbandonare la sua essenza che è irraggiungibile alla vita dell'uomo. "Dio è chiamato Luce non per la sua essenza ma per la sua energia"[400] dice Palamas. E ancora: "Colui che partecipa all'energia divina diviene egli pure, in qualche

[396] San Gregorio Palamas, *Capita physica, theologica, moralia et practica,* PG 150, 1169.
[397] San Gregorio Palamas, *Theophanes* PG 150, 941.
[398] San Basilio, *Epistola* 234 PG 32, 896.
[399] "Sebbene le energie deificanti siano eterne e divinizzino realmente l'uomo, Dio in quanto tale rimane superiore alle proprie energie". Spiteris Y., *Palamas: la grazia e l'esperienza. Gregorio Palamas nella discussione teologica,* Lipa, Roma 1996, 107. In base a questa superiorità di Dio rispetto alle sue energie, sembra che si diano due diverse modalità di manifestazione dell'amore di Dio cioè, fra quello della vita trinitaria immanente e quello della vita trinitaria economica. Secondo l'assioma di Rahner le due modalità si identificano: la Trinità immanente è la Trinità economica e viceversa nell'accadimento del Cristo morto e risorto, perché è lo stesso amore che si dona; per cui non c'è diversità sostanziale tra dinamica intratrinitaria ed extratrinitaria. González M., *Trinità «economica» e Trinità «immanente»: dibattito e prospettive,I,* in *Nuova Umanità* 103 (1996), 99-121 e González M., *Trinità «economica» e Trinità «immanente»: dibattito e prospettive, II,* in *Nuova Umanità* 104 (1996), 277-291. Tutto ciò sarà ripreso nell'ultimo capitolo, quando affronteremo la questione dei fondamenti di una metabioetica di tipo ecumenico, interpretata secondo alcune modalità di teologia trinitaria, la quale sostiene, a livello etico, la categoria dell'antropologia trinitaria, cioè dell'uomo trinitario che vive e discute, nell'incontro con gli altri credenti delle altre Chiese, la questione di una bioetica ecumenica.
[400] *Contra Acindynum* PG 150, 823.

modo luce"[401]. Cos'è questa luce di vita in ordine all'energia di Dio? E' la luce della vita eterna che ha formato l'umanità di Cristo e ha reso manifesta agli apostoli il suo essere divino sul monte Tabor. *Questa vita, prodotta dalle energie divine, è la grazia increata che plasma e deifica i santi, i quali hanno avuto nella loro vita un'esperienza autenticamente personale della vita di Dio nella vita delle sue energie e non nella vita dell'essenza divina.* Allora possiamo cogliere come nella Chiesa orientale si distinguano in Dio-Trinità da una parte le tre ipostasi e le loro relative processioni personali; la natura o essenza; le energie, processioni naturali. La vita delle energie non si può separare dalla vita della natura di Dio; la natura è inseparabile dalle tre Persone. Questa dottrina ci porta a intuire, allora, che la vita agapica intratrinitaria non può essere comunicata ma, parimenti, può entrare in relazione con la vita dell'uomo, può venire ad abitare in noi[402]. *Questa visione di distinzione tra la vita di Dio in sé e la vita di Dio fuori di sé nelle sue energie è chiave ermeneutica per cogliere il senso teologico della grazia nella teologia ortodossa. Infatti, la vita agapica delle energie divine è una modalità d'essere della vita agapica di Dio con la quale noi possiamo entrare in relazione e riceverne la deificazione.* Se anche permaniamo nel nostro essere creaturale, diventiamo "dei" per grazia o, secondo l'espressione della Scrittura, "partecipi della natura divina"[403]. Possiamo, allora, dire sinteticamente che la teologia ortodossa ha prodotto una significativa dinamica tra la vita dell'essenza divina e la vita dell'energie divine: l'essenza della vita divina, cioè il mistero della vita agapica di Dio-Trinità in se stesso, è non conoscibile e non comunicabile alla vita dell'uomo, sia nella grazia che nella gloria. *La vita agapica di Dio si diffonde, invece, alla vita dell'uomo nelle sue azioni o qualità o energie divine increate, cioè col dono della vita della grazia increata, che rende l'uomo realmente divino, conservando compiutamente la distinzione tra la vita di Dio e la vita dell'uomo*[404].

1.4 I principi della divinizzazione

Abbiamo visto che la divinizzazione, la graduale assimilazione alla vita di Cristo nella vita dell'uomo, è implicita già nell'atto creativo dell'uomo secondo

[401] *Omelia stella Presentazione della Santa Vergine al tempio*, in Lossky *La teologia mistica*, 396.

[402] Gv. 14,23.

[403] 2 Pt 1,4.

[404] Cerini M., *La riflessione sul mistero di Dio*, in AA.VV., *Il Dio di Gesù Cristo*, Città Nuova, Roma 1982, 197-209. E' perciò la reale distinzione fra la vita di Dio e quella dell'uomo che rende ragione della divinizzazione, quale rivelazione ad extra dell'amore trinitario di Dio mediante le energie divine. Spiteris Y., *Palamas: la grazia e l'esperienza. Gregorio Palamas nella discussione teologica,* Lipa, Roma 1996, 103-108.

la verità oggettiva dell'immagine. Questa verità oggettiva della vita umana intende insoddisfacente qualsivoglia spiegazione della redenzione, vista come un debito da pagare, come una specie di riparazione giuridica della colpa di Adamo, e sottolinea, invece, la significatività della vita dell'uomo, che ha già, in se stessa, la potenza dell'energia della vita divina, della grazia, e che vuole essere trasfigurata per esperire, in pienezza, la vita della somiglianza agapica trinitaria. *Questa visione della divinizzazione che distingue tra la vita dell'uomo secondo l'immagine e la somiglianza della vita del Dio-Amore trinitario, sublima un processo esistenziale di reale dinamismo vitale, che permette una gradualità di movimento ascetico della vita umana*[405] *verso la cristificazione della vita stessa antropologica, processo prodotto dall'azione indefessa di divinizzazione dello Spirito Santo. In tal senso, allora, la teologia ortodossa, in ordine al processo divinizzante, vede nel sacramento della confermazione*[406]*, il sacramento specifico per rendere piena la vita dell'uomo, grazie alla categoria teologica della somiglianza alla vita divina*.

Per riassumere tutto questo possiamo citare un brano che dice così: "Prima della creazione di Adamo, il Padre dice al Figlio: Creiamo l'uomo a nostra immagine, a nostra somiglianza. E il Figlio risponde: Creiamolo, Padre; ma, tu lo sai, cadrà nel peccato. Sì - dice il Padre -, cadrà nel peccato, e tu dovrai rivestire la forma di un uomo mortale e poi soffrire e morire. Il Figlio risponde: Padre, sia fatta la tua volontà. Dopo ciò fu creato Adamo"[407].

La vita dell'uomo deve essere letta come sussistente nella vita dell'essere agapico di Dio, a causa della divinizzazione della vita stessa dell'uomo da parte di Dio-Amore. *La vita dell'uomo è immagine della vita di Dio in quanto partecipa della vita del suo essere*[408], di fronte al quale, la vita umana si pone in termini di finitudine. Eppure la vita agapica di Dio si lascia contenere nel cuore della vita dell'uomo. Per tal motivo la vita umana è immensamente più

[405] Per movimento ascetico si intende l'apofasi, letteralmete 'salita', 'ascensione' cioè una progressiva e reale ascensione verso una vita unitiva deificante, che prima, però, si propone come "una 'non conoscenza', adorante, inseparabile dall'ascesi e dalla preghiera. Essa culmina nell'antinomia dell'abisso e della croce, rivelazione dell'amore senza limiti". Clement O., in Evdokimov, *L'amore folle di Dio*, Paoline, Roma 1981, 175. Mentre per catafasi, letteralmente discesa, si intende la discesa dell'amore di Dio verso gli uomini grazie alle sue manifestazione cioè nelle sue operazioni o energie per la divinizzazione della vita dell'uomo.

[406] Evdokimov P.A., *La vita trasfigurata in Cristo*, 73-76.

[407] Questo dialogo fra il Padre e il Figlio, tratto dall'autobiografia dell'arciprete Avvakum, è stato ricordato nell'intervento del vescovo Kallistos al quinto Congresso Ortodosso in Europa Occidentale, tenutosi a Gand nell'autunno del 1983. Kallistos W., in AA.VV., *L'uomo, immagine di Dio*, in *Contacts* 125 (1984), 4-115.

[408] La teologia dell'immagine, perciò, nasce come dato ontologico presente nella vita umana. "Dal momento che l'uomo è orientato a Dio, ad immagine del quale è stato creato, l'imitazione del suo prototipo viene fuori come esigenza e termine del suo compimento ontologico." Mantzaridies G.I., *Etica e vita spirituale. Una prospettiva ortodossa,* 49.

grande rispetto alla vita di ogni altra creatura, nel senso che i cieli possono anche finire e passare, ma la vita dell'uomo perdurerà eternamente se vissuta in unità al Cristo risorto vincitore della morte, vivente per sempre.
La *somiglianza* in Cristo[409], possiamo interpretarla come il tentativo e *lo sforzo di trasmettere in modo trasparente e chiaro la gloria dell'immagine della vita divina attraverso una vita santa da parte dell'uomo* che, in tal senso, porta a pienezza la vita antropologica perché intrisa della santità di Dio[410]. Bisogna, però, ricordare che la vita dell'uomo è raggiunta dal peccato perché l'uomo è realmente peccatore. Ma *se la vita dell'uomo non si realizzerà compiutamente, nel senso che non raggiungerà la somiglianza con la vita agapica trinitaria, non smarrirà mai il segno indelebile dell'immagine, che, in quanto tale, si colloca come l'oggettività della verità antropologica presente nella vita dell'uomo.*
Allora possiamo comprendere l'orizzonte sostanzialmente positivo della natura dell'essere dell'uomo e della sua vita, nel dato che il Dio trinitario ha, in certo senso, 'firmato' la vita dell'uomo, ponendo il suo sigillo incancellabile dell'immagine nel suo capolavoro. Infatti, la gloria di Dio è l'uomo vivente[411], cioè si tratta della piena cristificazione della vita umana, operata pneumatologicamente nella deificazione. E' vero che il peccato produce una dicotomia nell'essere dell'uomo e della sua vita, ma non riesce a corromperla in modo irrimediabile. Si esplicita, perciò, nella teologia ortodossa la redenzione cristologica come guarigione e come pienezza della vita umana, e la grazia divinizzante come compimento della vita dell'uomo.
L'accadimento della grazia santificante non viene colto cioè come proveniente dall'esterno sulla natura della vita dell'uomo o come totalmente altro nei confronti della natura stessa, perché la natura umana "può essere pienamente se stessa solo in Cristo, nella relazione con il Padre nello Spirito Santo"[412]. Ciò ci aiuta a comprendere la diversa modalità di interpretazione del significato dei termini natura e soprannatura[413], che ritroviamo nella declinazione teologi-

[409] Somiglianza nel senso che "la somiglianza con Dio si attua attraverso la somiglianza con Cristo. Poiché Iddio si è fatto simile all'uomo e si è manifestato in Cristo come uomo perfetto, perciò, anche l'uomo è stato reso degno di imitare Iddio e di somiglire a Lui." Mantzaridies G.I., *Etica e vita spirituale. Una prospettiva ortodossa,* 50-51.
[410] Tononi R., *L'uomo tra divinizzazione e irrecuperabilità*, in *Credere Oggi* 27(1985), 61-64.
[411] E' interessante sottolineare che la vita dell'uomo può essere posta come gloria di Dio perché l'uomo è intrinsecamente gloria di Dio in quanto creato dalle mani di Dio, come suo progetto di relazione comunionale, cioè come un essere vivente dinanzi al Dio della vita. Spiteris Y., *Cabasilas. Teologo e mistico bizantino,* Lipa, Roma 1996, 79-80.
[412] Evdokimov P.A., *La vita trasfigurata in Cristo*, 80.
[413] Allora, nella teologia orientale la soprannatura non è che perfezioni la natura in quanto mancante di qualcosa ma la soprannatura non è che la vocazione originaria della natura dell'uomo stesso creato. "Il

ca tra Oriente e Occidente.

Lo *sviluppo della divinizzazione* cristificante. La vita dell'uomo ha ricevuto l'immagine della vita divina; contemporaneamente si pone dinamicamente in sviluppo della vita trinitaria verso la conquista della somiglianza esperienziale agapica di Dio.

Il tema dello sviluppo, biblicamente dato, è inerente alla categoria dell'immagine e della somiglianza, presente nel libro della Genesi in riferimento alla vita umana. Seguendo i Padri, come Clemente Alessandrino, Ireneo, Origene, Massimo il Confessore, possiamo parlare dell'immagine di Dio, come di un seme del Verbo nella prospettiva dell'ethos della vita di Dio e dell'uomo[414], il quale determina con la vita agapica di Dio un legame esistenziale indelebile. Ci chiediamo quindi dove possiamo rinvenire questa immagine di Dio che cogliamo come vita di Dio nell'uomo? Per esempio, questa immagine di Dio letta come vita di Dio la possiamo ritrovare nel nous per gli alessadrini[415] o nell'intero composto umano per Ireneo[416], che trova pienezza nell'incarnazione di Cristo.

Però, a prescindere dal luogo in cui si situa *questa immagine della vita di Dio nell'uomo, questa si dà in senso oggettivo nell'uomo, cioè l'uomo la sperimenta nella sua vita come il suo essere e, nello stesso tempo, come il suo dover essere, cioè come sviluppo etico, esistenziale in Cristo.* Inoltre la vita dell'uomo si rivela come *un mistero*. La vita è avvolta dal mistero e trasfigura il mistero, in quanto è coinvolta nell'essere di Dio. La vita dell'uomo reca

desiderio di diventare dio è innato nell'uomo. Con questo desiderio l'uomo raggiunge la sua pienezza e dignità e realizzare lo scopo della sua esistenza. Come osserva San Massimo il Confessore, «per questo Dio ci ha fatto, per diventare partecipi della divina natura e della sua eternità e mostrarci simili a lui secondo la deificazione per grazia». Mantzaridies G.I., *Etica e vita spirituale. Una prospettiva ortodossa,* 200.

[414] La vita di Dio è come seme del Verbo nella vita etica dell'uomo in quanto "il Cristo come Dio perfetto e uomo perfetto non ha rivelato solo l'«ethos» di Dio verso l'uomo ma, ha anche osservato dinanzi a Dio, l'ethos dell'uomo perfetto. In tal modo l'uomo ha conosciuto in Cristo l'ethos degno di Dio che egli è chiamato a coltivare nella sua vita come uomo nuovo in Cristo." Mantzaridies G.I., *Etica e vita spirituale. Una prospettiva ortodossa,* 51.

[415] Il nous per gli alessandrini si esplicita come immagine di Dio "nella componente intellettuale (il nous), prerogativa dell'essere umano in quanto tale, al di là delle differenze sessuali." Stafameni Gasparro G., *La coppia nei padri,* Paoline, Milano 1991, 99

[416] Per Ireneo il dato creativo dell'immagine di Dio si pone come uomo perfetto, realizzato dall'incarnazione di Cristo, perfetta realtà umana e divina. "L'uomo perfetto è la mescolanza e l'unione dell'anima (...) con quella carne, che è stata plasmata ad immagine di Dio." Adversue haereses 5, 6,1, in Ireneo di Lione, *Contro le eresie/2*, Città Nuova, Roma 2009, 320. L'immagine di Dio si realizza perfettamente con l'incarnazione di Dio in Cristo. "Infatti nei tempi precedenti veniva affermato che l'uomo era stato fatto a immagine di Dio, ma questo non era stato ancora mostrato. Perché il Verbo, ad immagine del quale l'uomo era stato fatto, era ancora invisibile. Ma quando *il Verbo* di Dio *si fece carne*, confermò entrambe le caratteristiche: infatti mostrò che l'immagine era vera, facendosi lui stesso ciò che era la sua immagine, e restituì la somiglianza confermandola, rendendo l'uomo simile al Padre invisibile per mezzo del Verbo visibile." Adversus haereses, 5,16,2 in Ireneo di Lione, *Contro le eresie/2*, Città Nuova, Roma 2009, 353.

l'impronta della vita ineffabile del Dio trinitario, data nella vita stessa dell'uomo come mistero cristologico[417].
Questo dato teologico inerente alla vita dell'uomo come mistero chiarisce il meravigliato rispetto che la teologia orientale ha nei confronti della complessità della vita umana, evitando qualsivoglia forma schematizzante intorno alla vita stessa. Si tratta, allora, di porsi in atteggiamento di profondo silenzio dinanzi alla vita dell'uomo, che riflette, parimenti, l'immagine del silenzio di Dio[418]. A me sembra che questo principio teologico del mistero intorno alla vita di Dio e dell'uomo sia ermeneuticamente rilevante per leggere le questioni bioetiche presenti nell'ortodossia, in quanto *il rapporto tra la vita di Dio e la vita dell'uomo, come etica della vita, si pone sempre come dato rivelativo di tale relazione e, parimenti, come espressione misterica.* Il processo di divinizzazione si dà perchè la vita dell'uomo è fatta ad immagine della vita della Trinità. Il modello archetipo di cui la vita dell'uomo è immagine, è la vita intratrinitaria agapica, secondo la sua relazionalità e articolazione ontologica ed esistenziale. La vita dell'uomo si compie, se si apre all'*alterità*, in quanto l'essere della vita dell'uomo, come verità oggettiva della vita, è naturalmente relazionale e si pone come natura sociale in Cristo[419]. Possiamo dire, cioè che *la vita dell'uomo giunge ad un'autentica pienezza antropologica, se si declina esistenzialmente secondo un movimento speso tra un donarsi e un riceversi continuo, avendo dinanzi il modello della vita trinitaria in Cristo morto e risorto.*
L'alterità che si traduce ontologicamente come amore al fratello, non è perciò imperativo morale ma, autentica istanza dell'essere della vita umana secondo l'immagine della vita agapica trinitaria in Cristo morto e risorto[420]. Inoltre, la relazione della vita umana alla vita trinitaria spinge alla donazione la vita dell'uomo sino all'accadimento esistenziale, che si connota come *mistero kenotico* dello svuotamento-abbassamento della vita di Dio, che

---

[417] Evdokimov P.A., *La vita trasfigurata in Cristo*, p.134-139. "Questo perché è tramite la fede nel mistero di Cristo che si entra (con la fede) nel mistero della Trinità; Il mistero cristologico è inscindibile dal mistero trinitario. (...) La teologia ortodossa nello sperimentarsi come teologia del mistero, si sperimenta al tempo stesso come teologia della spiritualità la quale a sua volta implica la comunione." Pavlou T., *Saggio di cristologia neo-ortodossa,* EPUG, Roma 1995, 35 e 23.
[418] L'immagine del silenzio di Dio dinanzi al quale si trova la vita dell'uomo ha portato ad un metodo ascetico e mistico chiamato esicasmo, letteralmente silenzio. L'esichia è "quella particolare forma di quiete che ha costituito fin dal principio una fondamentale aspirazione dei monaci." Mantzaridies G.I., *Etica e vita spirituale. Una prospettiva ortodossa,* 116.
[419] L'alterità colta come espressione sociale della verità della vita dell'uomo si dà in Cristo. Perciò"la verità della vita personale e sociale degli uomini è vissuta pienamente solo come partecipazione e comunione personali alla verità del Cristo." Mantzaridies G.I., *Etica e vita spirituale. Una prospettiva ortodossa,* 186.
[420] Evdokimov P.A., *La vita trasfigurata in Cristo*, 58-73.

nell'incarnazione, morte e risurrezione di Cristo giunge a rivelazione. *Il processo dell'amore interpersonale trinitario, manifestato dal movimento kenotico dell'amore di Dio in Cristo morto e risorto, testimonia come la vita dell'uomo, fatta ad immagine della vita agapica trinitaria, sia interpellata da questo avvenimento, in cui si dà la salvezza della vita umana, a donarsi radicalmente per la vita dei fratelli, trasfigurati nel Messia Cristo*[421].

2. Cristologia ortodossa

La teologia ortodossa non ha approfondito, in modo analitico e organico, la problematica della relazione della vita della grazia di Dio relativa a quella dell'uomo, senza puntualizzare la significatività della figura di Cristo e quella dello Spirito, perché ha formulato un'interpretazione unitaria di questo rapporto. La teologia ortodossa attuale ha cercato di tematizzare la relazione fra dimensione cristologica e pneumatologica, proprio per cogliere più in profondità il legame tra l'aspetto della grazia di Dio e la vita dell'uomo. Allora, per poter delineare gli elementi fondanti della cristologia orientale[422] in rapporto alla categoria della vita dell'uomo c'è da porre l'accento, in primo luogo, sull'importanza dell'idea teologica di *immagine di Cristo, come icona della vita dell'uomo.*

2.1 L'immagine di Cristo

Nella filosofia greca c'erano due concezioni tra loro in antitesi sul senso da attribuire al valore del *concetto di immagine*. Aristotele pensava che l'immagine non fosse che il trasferimento a livello intellettuale di una datità sensibile[423]. Platone, di contro, assegnava all'immagine la rivelazione di un avvenimento spirituale nella realtà della sensibilità[424]. La teologia ortodossa ha optato per la scelta platonica e questo ci aiuta a intendere il significato cristologico in ordine al tema della vita. *Il concetto di immagine viene percepito come manifestazione visibile di una realtà invisibile e l'immagine archetipa di Dio non è altro che Dio incarnatosi in Gesù Cristo, che è l'icona, per antonomasia, di Dio*. La parola immagine proviene da 'eikon', che viene tradotta in italiano con il termine icona. L'icona in quanto tale, abbiamo detto,

---

[421] Il movimento kenotico dell'incarnazione trasfigura l'altro uomo come prossimo in Cristo in quanto "la venuta del messia Cristo come prossimo impone corrispondentemente anche il riconoscimento del messia Cristo nella persona del prossimo." Mantzaridies G.I., *Etica e vita spirituale. Una prospettiva ortodossa,* 62.

[422] Evdokimov P.A., *La vita trasfigurata in Cristo*, 37-42. Pavlou T., *Saggio di cristologia neo-ortodossa,* EPUG, Roma 1995, 41-56.Gargano G.I., *La cristologia nella chiesa ortodossa* in *Credere Oggi* 11(1982) 67-78; Garrigues J.M., *Cristologia Ortodossa* in *Istina* (1970) 351-361.

[423] *De Anima,* III, 8, 432 a 9.

[424] *Timeo* 71 a sgg.

è l'icona di Gesù Cristo Signore[425]. Da ciò si possono comprendere le ampie discussioni dei concili ecumenici del periodo dei padri intorno alla chiarificazione dell'essere delle icone[426].

Il significato del culto delle icone cristiane per gli orientali, allora, non significa altro che tutelare e manifestare l'atto di fede nel mistero di Cristo Signore, che i padri hanno promosso e tutelato. *Se l'icona è una vera e propria rivelazione nel mondo visibile di una datità invisibile, allora, possiamo intendere l'orizzonte ermeneutico con il quale la teologia ortodossa avvicina il rapporto tra cristologia e vita.* Si deve dire subito che se Cristo è colto come immagine vera del Dio trinitario, ciò vuol dire che il rapporto tra cristologia e dimensione esistenziale della vita si deve collocare in modo speciale su di un piano storico ed esperienziale, non tanto come discorso teologico, avulso dalla realtà, perché tale legame si connota come comunione agapica con Cristo.

Pertanto, *la mentalità teologica orientale ha pensato sempre in unità mistica e teologia e ciò, tradotto nella nostra ricerca, significa che nella tradizione orientale non c'è una chiara divisione tra il mistero cristologico e quello della vita dell'uomo*[427]. Si può dire che in Cristo, la relazione tra cristologia e vita umana si esplica secondo modalità riferite alla santità di Cristo, cioè secondo i misteri della sua vita che devono poi essere trasferiti nella vita antropologica.

2.2 Il respiro di Cristo come Chiesa

Per far questo, però, la vita dell'uomo ha necessità di confrontarsi con il deposito cristologico, custodito dalla Chiesa nel corso dei secoli. *Se non vi fosse questo costante riferimento alla vita di Cristo, espressa dalla Chiesa, non si potrebbe parlare di esperienza di vita dell'uomo in senso cristico. Si tratta, allora, di respirare la vita dell'uomo con il respiro della vita di Cristo, trasmessoci dalla Chiesa.* Questa comunione esperienziale, attuata all'interno della chiesa, tra vita in Cristo e vita dell'uomo necessita, gioco-forza, di confrontarsi con l'esperienza ecclesiale relativa a questa relazione, maturata nel corso della storia.

Ciò vuol dire che la storia si rivela come azione teantropica, cioè, la storia si

---

[425] Spinsanti S., *Ecumenismo*, Ut Unum Sint, Roma 1982, 214-216.

[426] Le icone rappresentano uno dei mezzi tipicamente orientali di contemplare il mistero. L'artista trasmette mediante l'immagine ciò che prima ha tentato di penetrare con la contemplazione. L'icona non è semplicemente un'opera d'arte ma è come un sacramentale, cioè, un modo mediante cui lo Spirito Santo tocca l'anima, rivela e irradia la presenza di Dio. Losskij V.-Uspenskij L., *Il senso delle icone*. Jaca Book, Milano 2007, 21-60. Evdokimov P.N., *Teologia della bellezza. L'arte dell'icona,* Paoline, Roma 1981², 222-228 e 182-183. Bérard C., *La tenebra abbagliante. Le icone, via della conoscenza di Dio,* in AA.VV., *Le ricchezze dell'Oriente cristiano. Teologia, spiritualità, arte,* Paoline, Milano 2004, 41-56.

[427] Lossky V., *La teologia mistica*, 4-5.

esplicita come cristologia innestata nella vita dell'uomo. In Cristo tutta la vita dell'uomo diventa storia, movimento che, partendo dal giorno della Pentecoste, giunge al giorno finale, al giorno del compimento, in cui il Cristo della vita darà senso e significato pieno alla vita umana e dove la dimensione escatologica si pone quale criterio ermeneutico di relativizzazione dei problemi della vita stessa dell'uomo[428]. *Questo processo cristologico esistenziale di compimento dell'uomo non guarda al patrimonio teologico del padri come a qualcosa da dimenticare ma, come accadimento che porta in se stesso i frutti dello Spirito Santo, che devono essere sviluppati nella storia, perché la storia si dà come storia teantropica, cioè, come vita cristologica, attuantesi nella vita dell'uomo. Da ciò si comprende come la cristologia, nell'ortodossia, si delinei come un ritornare alla dimensione cristologica dei Padri, testificata dagli eventi dei concili*[429] *della Chiesa indivisa.*
Allora, la relazione tra vita umana e cristologia deve situarsi nell'orizzonte cristologico formulato dai padri, definito nei concili, perché tale patrimonio patristico si pone come sintesi dell'eredità ebraico-semitica ed insieme ellenistica, da cui non si può prescindere nella riflessione teologica. *I padri, perciò, vengono riconosciuti, non solo nell'ambito ortodosso, ma anche in quello ecumenico, come il terreno comune della Chiesa indivisa. I concili del primo millennio vengono interpretati come patrimonio universale sia per la teologia orientale sia per quella occidentale, così che il termine stesso patristico è letto come sinonimo di cattolico ed ecumenico*[430]. *Questo è molto significativo per la teologia ecumenica, perché contributi teologici cristiani, non sufficientemente approfonditi nella riflessione occidentale, manifestano ricchezze e realtà inattese, grazie proprio al diverso contributo della teologia orientale*[431]. In tale contesto, per la riflessione orientale si situa il recupero patristico della prospettiva cristologica in riferimento alla vita umana, nel

[428] "Nella prospettiva escatologica i diversi problemi della vita personale e sociale dell'uomo si relativizzano e possono essere considerati nelle loro dimensioni convenzionali. Simile relativizzazione costituisce anche il miglior presupposto per affrontarli e risolverli correttamente." Mantzaridies G.I., *Etica e vita spirituale. Una prospettiva ortodossa,* 189.
[429] Il patrimonio teologico dei padri espresso nei concili della chiesa indivisa è fondamentale perché "la circolarità tra padri e Concili ecumenici costituisce la base che fonda la circolarità tra *consensus patrum* e *phronêma* o *mens* della Chiesa. (...) Fin dall'origine Padri e Concili ecumenici si rinviano, gli uni chiariscono gli altri, i secondi definiscono i limiti dell'ortodossia del Padri. (...) Gli ortodossi sono unanimi nel considerare come suprema l'autorità dei Padri greci dei primi sette concili." Petrà B., *L'etica ortodossa. Storia, fonti, identità,* Cittadella Editrice, Assisi 2010, 4 e 86.
[430] Zizioulas J.D., *Ortodossia*, in *Enciclopedia del Novecento*, Istituto Enciclopedia Italiana, Roma 1981, vol.5, 1-18.
[431] Zizioulas J.D., *Ortodossia*, in *Enciclopedia del Novecento*, Istituto Enciclopedia Italiana, Roma 1981, vol.5, 1-18.

senso che il legame tra mistero cristologico e mistero della vita dell'uomo viene rivalutato, tenendo presente l'orizzonte liturgico-sacramentale da una parte, e l'impegno ascetico-spirituale dall'altra, secondo una dinamica di divinizzazione personale e comunitaria, che si compie in una vita umana intrisa di ascesi[432] e di liturgia[433].

2.3 I sacramenti

É fondamentale nella teologia ortodossa celebrare il mistero di Cristo con il linguaggio sacramentale e liturgico per poter delineare l'autentica verità della vita dell'uomo in relazione a Cristo. *La figura di Cristo, come ci è stata trasmessa dai primi sette concili, diventa modello archetipo per introdurre il cristiano in una vita esperienziale di comunione agapica con Cristo, la quale, primariamente, è vissuta all'interno della divina liturgia[434], celebrata dalla comunità ecclesiale.* In questo processo - che si esplicita come conoscenza del mistero cristologico affinché la vita dell'uomo possa plasmarsi in Cristo - l'uomo prende coscienza della verità della propria identità, in quanto essere incarnato e, parimenti, della significatività dell'accadimento misterico della discesa del Figlio di Dio, fattosi uomo perché l'uomo divenisse Dio.

Il Figlio di Dio in Cristo diviene energia dirompente che porta l'esistenza dell'uomo a conformarsi alla conoscenza della vita cristologica, sviluppandosi a tal punto da giungere al compimento inesprimibile dell'icona medesima, cioè, alla vita cristificata, alla vita di santità[435]. Allora, attualizzare l'icona

---

[432] L'ascesi è colta come cammino alla contemplazione mediante una prassi esistenziale costituita dall'esercizio delle virtù, dalla vittoria sulle passioni e dalla preghiera, in modo particolare la preghiera del cuore o preghiera di Gesù. Questa preghiera consiste nella ripetizione dell'invocazione del nome di Gesù, che porta all'unione dell'intelletto e del cuore, inteso come centro dell'uomo intero. Così la preghiera nasce spontanea dall'uomo intero, la realtà di Gesù nel cuore diviene cosciente e presente, coinvolgendo in tal modo tutta la prassi della vita dell'uomo. Mantzaridies G.I., *Etica e vita spirituale. Una prospettiva ortodossa,* 167-184.

[433] "Si può dire che lo spazio originario, la «dimora» dell'identità ortodossa, è proprio quello liturgico; è uno spazio che va oltre le dimensioni fisiche per assumere dimensioni teologiche ed esistenziali giacché nella liturgia il credente sperimenta la salvezza in Cristo ricevendo naturalmente la tradizione dei Padri e condividendone la fede e la lode." Petrà B., *L'etica ortodossa. Storia, fonti, identità,* Cittadella Editrice, Assisi 2010, 81.

[434] "La divina liturgia è centro e culmine di tutte le celebrazioni del giorno e della notte, con le quali la chiesa riconduce il mondo e il tempo a Dio. Essa è comunione di Dio con il mondo: è partecipazione alla gioia della risurrezione che giunge a pienezza con la divina comunione. Il cristiano, partecipando alla liturgia della chiesa e portandola nella sua vita, partecipa alla riconduzione liturgica di se stesso e del mondo a Dio." Mantzaridies G.I., *Etica e vita spirituale. Una prospettiva ortodossa,* 131-132.

[435] La vita di santità è la verità della vita cristiana. I cristiani in quanto santi "manifestano il senso che ha per la vita dell'uomo la comunione con il Cristo. Rivelano la verità della cristificazione dell'uomo." Mantzaridies G.I., *Etica e vita spirituale. Una prospettiva ortodossa,* 151. "Nell'oriente cristiano il santo è abitualmente definito come colui che al termine di un lungo cammino spirituale – di deificazione per opera dello Spirito Santo – è diventato 'somigliantissimo' a Cristo, e la ragione di questa definizione è scritta nella prima pagina della Genesi là dove si afferma che l'uomo è stato creato a immagine, a somiglianza di Dio (cfr. Gn 1,26).

della vita di Cristo nella vita del cristiano e ammirarla nella Chiesa visibile si specificano come unica realtà. In altre parole, *la vita umana che si connota come ecclesiale è disvelamento sulla terra del mistero stesso di Cristo: osservare la vita dell'uomo in senso ecclesiale vuol dire osservare la vita di Cristo.*

Da tutto ciò possiamo cogliere cosa significhi nell'ortodossia descrivere la relazione misterica tra Cristo e la vita dell'uomo. L'opera della teologia è quella di introdurre la vita umana al mistero personale di comunione agapica con il mistero cristologico affinché la vita dell'uomo possa ritrovarsi ed esprimersi in Cristo grazie alla visibilità sacramentale ecclesiale[436]. *Se la vita umana fosse vissuta come accadimento cristologico nella dimensione sacramentale della koinonia ecclesiale, si espliciterebbero maggiormente i legami che si attuano tra Cristo e la Chiesa, cioè, come relazione coniugale indissolubile*[437].

2.4 La pneumatologia

La categoria della coniugalità indissolubile, in cui si esprime l'unità e la diversità tra la vita di Cristo e quella dell'uomo, ha promosso nella teologia orientale attuale un *approfondimento sull'azione operata dallo Spirito Santo in relazione all'essere e alle cause della distinzione che sussistono fra Cristo e la comunità ecclesiale.* Contemporaneamente, *questa riflessione teologica ha provocato un rinnovato interesse sulla realtà e le attitudini specifiche della persona dello Spirito Santo all'interno della questione della vita del cristiano.*

Quando si affronta la tematica relativa allo Spirito Santo parimenti si pensa alla sua relazione con l'aspetto cristologico che deve essere osservato, nel nostro caso, in riferimento alla categoria teologica della vita. Il teologo ortodosso *Lossky,* per esempio, parla di due economie nella relazione pneumatologia-cristologia, cioè, quella in riferimento a Cristo, sino al giorno di Pentecoste, e quella relativa allo Spirito Santo, dopo Pentecoste[438].

Lossky *vede l'accadimento delle azioni ecclesiali come i sacramenti, i riti, la gerarchia in un senso oggettivo perchè interpretate in senso cristologico;*

Poiché, secondo i Padri, la prima immagine che Dio (Padre) ebbe di fronte non fu quella dell'uomo ma quella dell'eterno Figlio, affermando che l'uomo è a immagine di Dio, in realtà s'intende dire che egli è stato fatto e 'plasmato ad immagine dell'Immagine, che è il Figlio.'" Ruspi W., *Lo Spirito di santità in Cristo e nella Chiesa,* in *Communio* 186 (2002), 35.

[436] Spiteris Y., *Cabasilas:teologo e mistico bizantino*, 100-138.

[437] La relazione tra Cristo e la Chiesa è indissolubile perché "la chiesa non è una corporazione umana, nella quale l'unità potrebbe essere considerata utile ma non però totalmente indispensabile. La chiesa è il corpo di Cristo e il corpo di Cristo non si può pensare senza unità. Uno è il Cristo, una è la sua chiesa." Mantzaridies G.I., *Etica e vita spirituale. Una prospettiva ortodossa,* 92.

[438] Lossky V., *La teologia mistica*, 4-5

mentre l'azione pneumatologica è colta in ordine alla vita soggettiva di santità presente nei santi, nei monaci, nei martiri.

In altri termini, si tratta di riflettere teologicamente intorno al rapporto istituzionale-carismatico in prospettiva ecclesiologica, cioè, del come si danno insieme pneumatologia e cristologia[439] in ordine alla questione della vita dell'uomo. In una relazione[440] il teologo ortodosso *Zizioulas* esplicita maggiormente la problematica, chiedendosi se la cristologia dipendesse dalla pneumatologia o se invece si tratta del contrario. Inoltre, *nel momento in cui si pensa al rapporto cristologico-pneumatologico, possiamo domandarci quali siano le implicazioni che si offrono in prospettiva esistenziale.* Si sa che la teologia occidentale trova nella cristologia il fondamento teologico su cui situare l'azione etica della vita; mentre la teologia orientale dà priorità alla pneumatologia, in quanto coglie la vita antropologica in prospettiva liturgica cioè secondo modalità, che vanno al di là della storia, coordinate che possiamo definire metastoriche[441].

Approfondendo, possiamo dire che *se il carattere cristologico, a livello della vita umana, si esplicita quale origine teologica del farsi storico dell'azione esistenziale umana, è la dimensione pneumatologica che immette, nella declinazione dell'atto umano, la sostanzialità escatologica, in quanto è lo Spirito Santo che fa risorgere Gesù e lo qualifica nella sua natura escatologica di carne risuscitata, di carne di Dio*[442]. Molto significativo è inoltre un altro dato teologico del rapporto tra cristologia e pneumatologia in riferimento alla questione della vita umana, che possiamo tratteggiare come apporto dello Spirito all'accadimento di Cristo, nel senso che la figura cristologica da singolare si trasfigura in plurale[443]. Ciò vuol dire che *è l'azione pneumatologica che rende ragione della figura cristologica, quale dimensione*

[439] Zizoulas J.D., *Ortodossia*, in *Enciclopedia del Novecento*, Istituto Enciclopedia Italiana, Roma 1981, vol.5, 1-18.

[440] Zizoulas J.D., *Cristologia, pneumatologia e istituzioni ecclesiastiche: un punto di vista ortodosso* in *Cristianesimo nella Storia*, 2 (1981) 111-127.

[441] In quanto "lo Spirito Santo di Dio realizza la trasformazione del modo di esistenza, l'innesto del corruttibile sul tronco dell'incorruttibile." Yannaras C., *La fede dell'esperienza ecclesiale. Un'introduzione alla teologia ortodossa,* Queriniana, Brescia 1993, 177.

[442] Tutto ciò significa, allora, che "quando la nostra carne individuale depone involontariamente (in seguito alla morte) o volontariamente (con il battesimo, l'ascesi o il martirio) ogni resistenza della sua esistenza autonoma, la nostra ipostasi creata si unisce alla corrente della vita che attraversa la nostra natura, dopo che questa si è unita, in modo ipostatico, alla divinità nella persona del Cristo. Come, quindi,l'amore di Dio ha creato tutte le cose «per mezzo del Verbo», così «per mezzo del verbo incarnato» questo amore rinnova tutte le cose e le rende incorruttibili." Yannaras C., *La fede dell'esperienza ecclesiale. Un'introduzione alla teologia ortodossa,* Queriniana, Brescia 1993, 160.

[443] "In quanto solo in Lui le persone vengono generate come ipostasi, capaci di entrare nella pienezza personale divina attraverso la comunità." Evdokimov P.A., *La vita trasfigurata in Cristo*, 44.

comunionale di persona corporativa. É lo Spirito che proietta l'azione della vita dell'uomo, attuatesi in Cristo, in un orizzonte di koinonia sociale, in quanto la vita dell'uomo, se da una parte si legge come singolare, contemporaneamente, si deve interpretare a livello di relazione sinfonica con la vita degli altri uomini passati, presenti e futuri.

3. Etica ortodossa

Nella teologia ortodossa l'etica della vita umana è fondata sulla teologia della divinizzazione. L'azione antropologica è ermeneuticamente letta al di là della sua datità meramente individuale e viene collocata su di un piano ecclesiale e cosmico, perché in questo contesto l'atto morale assume la sua pregnante verità e ortodossia. L'azione umana, in questo senso, esce dalla sfera individuale e si pone quale manifestazione storica del corpo mistico nello Spirito del Cristo risorto[444].

Da questa base teologica derivano alcune conseguenze per l'etica della vita dell'uomo in quanto etica della vita cristificata. L'etica della vita cristificata si rivela specificatamente una realtà sociale, cioè la scelta nell'etica della vita non si dà come fatto semplicemente personale ma plurale, in quanto l'azione dell'uomo, compiendo la sua natura umana creata, secondo l'immagine dell'incarnazione, trasfigura la realtà della vita trinitaria in termini umani. Questa modalità d'essere e d'agire umana, questa vita teandrica cristificata esplicita e, insieme, compie il telos della natura dell'uomo, indirizzata al suo dover essere soprannaturale, cioè nella partecipazione alla vita trinitaria[445].

Allora, *la vita dello Spirito in Cristo si pone quale dimensione ecclesiologica, nel senso che la Chiesa è vista come il corpo di Cristo riferito alla vita dell'intera umanità in quanto il dono della vita salvifica è finalizzato alla salvezza della vita di tutti gli essere umani*[446].

[444] Lo Spirito Santo coinvolge l'azione umana in senso sociale, cristificata dallo Spirito del Cristo Risorto perché "l'uomo cessa di essere membro di una specie semplicemente formata da individui, anello di una catena soltanto biologica, semplice unità di un tutto. Egli viene inserito nella comunione dei santi, nella realizzazione trinitaria della vita." Yannaras C., *La fede dell'esperienza ecclesiale. Un'introduzione alla teologia ortodossa,* Queriniana, Brescia 1993, 177.

[445] "L'uomo, dunque, proprio perché creato ad immagine di Dio, è fin dal principio un essere il cui êthos, cioè il cui vero modo di essere-agire, è quello che si manifesta nella comunionalità delle molte persone nell'unità della natura, è l'esssere-agapico ad immagine del divino essere agapico." Petrà B., *L'etica ortodossa. Storia, fonti, identità,* Cittadella Editrice, Assisi 2010, 58.

[446] In quanto "solo in Cristo vediamo rivelata l'unità universale dell'umanità e il disegno della ricapitolazione dell'umanità e la risurrezione alla vita eterna in Dio. Il Figlio non è diventato un'umana ipostasi individuale, ma l'ipostasi della natura umana in generale, e così una specie di 'ipostasi-capo di tutta l'umanità, destinata a diventare il soggetto teandrico insieme a tutti gli esseri umani e quindi un essere nel quale tutti gli esseri umani convergono, senza tuttavia esserci una perdita o una confusione delle loro proprie identità." Staniloae D., cit.in Pavlou T., *Saggio di cristologia neo-ortodossa,* EPUG, Roma 1995, 23.

Cosa provoca questa volontà universalizzata dell'atto etico cristificato in quanto realtà ecclesiale[447]? Questa modalità di volontà universalizzata, espressa dall'atto umano cristificato in senso ecclesiale, *visibilizza l'essere-bene della natura umana nel tempo intermedio della kinesis*[448] *del cosmo,* cioè *l'essere bene a livello cosmico, verso la dimensione di unificazione e di contrazione della datità cosmologica.* La vita etica così vissuta porta a compimento la chiamata regale, sacerdotale e profetica del credente, che nella sua libertà dona alla Trinità, non solamente la sua esistenza ma, anche quella dei suoi fratelli e di tutta la creazione, secondo un orizzonte di tipo ecclesiale. *Grazie alla volontà di mediazione dell'atto etico cristificato, il cosmo si innesta nella dinamica pericoretica con le energie divine e, così trasfigurato, diventa espressione iconica della grazia divina, un reale sacramento della sua presenza*[449].

3.1 Etica come cristificazione

Non si può comprendere l'etica ortodossa se non si ha in mente la teologia della divinizzazione, in quanto il centro di comunicazione dell'azione divinizzante trinitaria è la vita umana. Non si può meramente interpretare

[447] "Una prima caratteristica dell'etica ortodossa da annotare è il suo radicale cristo-ecclesiocentrismo. Con ciò non va inteso un orientamento devozionale o esemplaristico che il credente sia tenuto ad osservare nella sua vita morale, ma quel modo di essere/agire (ethos) che costituisce ontologicamente la condizione del battezzato. Alla base di questo cristo-ecclesiocentrismo infatti c'è l'ontologia della salvezza tipica della comprensione ortodossa della creazione, della caduta e della redenzione in Cristo. La salvezza è la ricostituzione della verità ontologica dell'uomo come essere fatto ad immagine e somiglianza di Dio e chiamato alla comunione di vita con Dio, a diventare Dio-secondo le parole di Basilio il Grande-ovvero ad assumere il modo di essere/agire (ethos) di Dio in Cristo per la potenza santificante dello Spirito. Cristo è accessibile nel suo corpo che è la Chiesa; perciò il modo di essere/agire (ethos) di Cristo è riversato nell'uomo solo entro la realtà una e viva che è la Chiesa, attraverso i sacramenti della Chiesa, in particolare l'eucaristia." Petrà B., *L'etica ortodossa. Storia, fonti, identità,* Cittadella Editrice, Assisi 2010, 298.

[448] Per S. Massimo il Confessore la realtà mondana nella sua dinamica di riconciliazione e d'unità con l'opera del creatore segue tre fasi di un unico processo: *la genesis, la kinesis, la stasis*, cioè l'essere, l'essere bene e l'essere bene per sempre. San Massimo "nel tempo intermedio della kinesis della perfezione umana distingue tre stagioni o livelli di crescita nella somiglianza, attraverso il quale il microcosmo compie nella libertà ipostatica il suo ruolo di mediatore: la vita pratica, quella contemplativa. E' molto significativo che ponga come fondamento per tutte le altre stagioni della perfezione umana la vita pratica. In questa prima stagione dello sviluppo umano, la retta vita morale diventa l'evento fondamentale sia per l'uomo che per il resto del creato. Solo attraverso lo sforzo della retta volontà umana nella realizzazione concreta dell'oggetto dell'azione, attraverso lo sviluppo della virtù, l'uso corretto della libertà, l'uomo agisce da mediatore. Senza un'operazione retta, buona, non è possibile né la contemplazione naturale dei *logoi* dell'universo, né l'unione mistica finale con Dio. La vita cristiana è una *vita pratica, operosa*, che *contempla nell'azione* e in cui *la contemplazione* a sua volta diventa *mistagogia pratica*, in quanto attraverso le virtù si traduce e si attua la *gnosi* cristiana che è la forza delle virtù." Ševčuk S., *Saggio introduttivo* in Evdokimov P.N., *La vita trasfigurata in Cristo*, 119.

[449] Il cosmo è reale sacramento di cristificazione in quanto "l'incarnazione del Figlio, evento storico, è letta dalla teologia ortodossa in chiave cosmica.." Pavlou T., *Saggio di cristologia neo-ortodossa,* EPUG, Roma 1995, 33. Questa cristificazione del cosmo avviene grazie all'accadimento pneumatologico-ecclesiale. "Il rinnovamento della vita del creato ad opera dello Spirito Consolatore è un principio operante nella costituzione della Chiesa e nella nostra partecipazione alla Chiesa." Yannaras C., *La fede dell'esperienza ecclesiale. Un'introduzione alla teologia ortodossa,* Queriniana, Brescia 1993, 171.

l'etica ortodossa come fosse giustapposta alla teologia della divinizzazione, né si possono cogliere come antitetiche tra loro, ma si devono entrambe vedere intrinsecamente relazionate nella riflessione teologica ortodossa[450].
Ma quale *relazione abbiamo tra la divinizzazione della vita umana e l'etica*? Dobbiamo dire subito che l*a divinizzazione della vita non è provocata dall'etica*; non si esplica come esito dello sforzo morale umano, non si compie come relazione comunionale semplicemente morale con Dio.
Secondo *san Massimo* il Confessore[451], il cambiamento della vita dell'uomo, operato dalla grazia divina, non si pone come il risultato delle agire naturale antropologico perché, così, l'uomo sarebbe divino secondo la sua natura. C'è da evidenziare che l'azione divinizzante trascende sempre i limiti della natura dell'uomo e ciò si attua per mezzo di Cristo in noi, nello Spirito Santo. Come si realizza allora questa divinizzazione nell'etica della vita umana? Partendo da S. Massimo, Evdokimov si concentra sull'idea di uomo come persona-ipostasi e, della sua libertà, nella dinamica divinizzante, sostenendo che *l'uomo e la sua libertà, nella declinazione della vita etica, non solo vengono mantenute ma, anche sublimate verso la loro pienezza d'essere autodeterminante*[452].
Nella divinizzazione l'uomo e la sua libertà si rinvengono sia restaurate sia confermate nella loro somiglianza con quelle divine, così nella sua vita etica, l'uomo può autenticamente autodeterminarsi in verità e libertà[453] e agire in modo umano-divino verso un'etica di tipo teandrico. L'uomo con la sua vita, cioè come esistenza dell'ipostasi umana, si profila come vita divinizzata in relazione pericoretica con le persone trinitarie e tale vita, trasfigurata trinitariamente, si configura come l'origine fontale dell'etica del credente. *L'etica normativa ortodossa si specifica, allora, come vita etica che, proporzionalmente alla realtà di coscientizzazione della vita divinizzata nell'uomo, si manifesta nelle regole dell'ethos cristiano ortodosso. L'etica cristiana si pone quindi come l'agire del "noi in Cristo Risorto." La modalità dell'uomo divinizzato da Cristo nello Spirito Santo, cioè il suo esistere e agire*

[450] Ševčuk S., *Saggio introduttivo* in P.N. Evdokimov, *La vita trasfigurata in Cristo*, Lipa, Roma 2001, 76ss. Piva P., *Attualità della questione etica per l'οικουμενη*, in *StEc* 22 (2004) 83-87.
[451] *Quaestiones ad Thallasium*, PG 90,280 C
[452] Breck J., *Le mystére de la liberté dans l'homme déifié, selon Saint Maxime le Confesseur*, in Contacts 42 (1990) 5
[453] Nella cristificazione etica avviene un'autentica autodeterminazione dell'autonomia umana in quanto lo Spirito del Risorto, cristificante la vita, rende l'uomo capace di operare in verità e libertà nell'amore. "La vera libertà è frutto della verità che si identifica con la vera vita. La libertà non è privazione ma pienezza. (...) La libertà è l'atmosfera nella quale si muove la verità. Perciò non esiste verità, dove non esiste libertà. (...) L'amore di Dio manifestato in Cristo offre all'uomo la verità e la libertà. E la sola atmosfera ove l'uomo può conservare la verità e la libertà è l'atmosfera dell'amore." Mantzaridies G.I., *Etica e vita spirituale. Una prospettiva ortodossa,* 195, 196,197.

teantropico si situa, perciò, come la verità della normatività etica, come la fonte dell'etica della vita[454] *in senso cristo-ecclesiocentrico.*

In tal ambito non si ha nell'azione umana responsabile e libera alcuna datità di tipo meccanico ma, nel processo etico è la situazione esistenziale teantropica, vissuta nella modalità cristo-ecclesiocentrica, a provocare il senso morale[455]. *Educare in senso cristiano nella teologia ortodossa, allora, vuol dire presentare l'etica come edificazione di atti che manifestano la modalità divinizzata degli uomini in Cristo, dell'agire di "noi in Cristo Risorto," d*ell'esperire la vita secondo il dono accolto ed il potenziale spirituale trasfigurato in declinazione cristo-ecclesiocentrica cioè secondo una vita di santità singolare e plurale insieme.

Allora, la libera volontà dell'uomo nell'etica si configura come esito a non sprecare la vita di santità ricevuta affinché possa giungere alla sua nascita e al suo sviluppo, come la vita nel seno della madre. Infatti, Cabasilas dice: "Cristo nello Spirito Santo ci dà un'altra vita, ci plasma le membra e ci infonde le potenze e i sensi di cui avremo bisogno giungendo alla vita futura. Nell'atto di essere rigenerati, viene concepita in noi la vita di Cristo, che cresce e si sviluppa come il feto nel seno materno e che si prepara per la vita nel mondo futuro. Al modo dell'embrione che, mentre è nell'esistenza tenebrosa e fluida, la natura prepara alla vita nella luce e plasma, quasi prendendo a norma la sua esistenza futura. Così è dei santi; è questo il senso delle parole dell'apostolo ai Galati: Figliolini miei, che di nuovo io genero, finché non sia formato in voi il Cristo. L'embrione tuttavia non può certo giungere alla percezione di questa

---

454 La normatività dell'etica cristificata è l'agire teantropico, come trasparenza del 'noi in Cristo Risorto', dove il 'noi' esprime la connotazione ecclesiale, perché "il carattere cristo-ecclesiocentrico non connota soltanto l'origine, il luogo ed il fine dell'etica ortodossa; esso qualifica anche le modalità di formazione del giudizio morale soggettivo in situazione, l'esercizio della coscienza morale: il credente non può mai essere il cavaliere solitario che attraversa l'esistenza; è sempre il fratello, il membro di un corpo, il vivente nella comunione dell'unico corpo e dell'unico Spirito, è l'ipostasi ecclesiale." Petrà B., *L'etica ortodossa. Storia, fonti, identità,* Cittadella Editrice, Assisi 2010, 298-299.

455 Il senso morale, allora, si configura come cammino di santità, come un vivere l'etica secondo i sentimenti di Cristo, aiutati dalla Chiesa mediante l'espressione dei canoni ecclesiastici per la declinazione etica cristificata. I canoni ecclesiastici, però, vengono esplicitati secondo un carattere generale. L'interpretazione dei canoni ecclesiastici nella teologia ortodossa è chiamata economia ecclesiastica. L'economia ecclesiastica si pone come "deroga all'esatta applicazione del canone per motivi di necessità o per il maggior bene di alcuni e della Chiesa." Mentre l'acribia è "l'esatta applicazione del canone." Petrà B., *Tra cielo e terra. Introduzione alla teologia morale ortodossa contemporanea,* EDB, Bologna 1991, 107. Dalla categoria dell'economia ecclesiastica "prende forma canonico-pastorale un'attitudine ontologica che è più radicale e più vasta e che si identifica con la costitutiva dimensione economica dell'ethos ortodosso." Petrà B., *L'etica ortodossa. Storia, fonti, identità,* Cittadella Editrice, Assisi 2010, 205. Questa attitudine ontologica, questa costitutiva dimensione economica dell'ethos ortodosso potremo chiamarla cristificazione etica. Infatti, "l'ethos ortodosso altro non è che partecipazione reale all'ethos di Cristo, il vero ethos dell'uomo, ed in questo ethos teantropico - nel suo amore folle dell'uomo - trova la sua sorgente viva e il suo fondamento ontologico la dimensione economica." Petrà B., *L'etica ortodossa. Storia, fonti, identità,* 210.

vita; i beati invece già ora possono cogliere molti riflessi della vita futura. La ragione è che per l'embrione la vita futura è assolutamente futura: non giunge a lui nessun raggio di luce, nulla di ciò che è di questa vita. Non così per noi, dal momento che il secolo futuro è stato come riversato e commisto a questo presente"[456].

Il pincipio della vita ipostatizzata in Cristo, cristificata, quale norma della vita futura, si rivela, inoltre, datità dell'etica nella vita dell'uomo in tutte le sue azioni, che sono atti specificatamente teandrici, in quanto si elevano al di là della sola umanità dell'atto in sé. Le azioni della vita non si connotano meramente come solo atti umani[457], e ciò pone l'etica cristificata come valenza di differenziazione rispetto all'etica degli altri uomini che ancora non sono coinvolti nella relazione trinitaria. *Secondo Evdokimov, c'è una differenza a livello ontologico tra una vita umana trasfigurata dalla cristificazione e una vita umana non ancora trasfigurata dalla divinizzazione in Cristo. La differenza si pone "nella 'metafisica' tra il terrestre e il celeste, tra l''homo animalis' e l''homo spiritualis',* tra le loro autonomie, rivelando l'abisso ontologico esistente tra il battezzato, il credente e il non credente, e delimitando così due 'eoni' esistenziali"[458]. Comune a tutta l'umanità è la legge naturale[459], la legge vecchia, cioè, quella riferita al logos della natura umana[460]; mentre la legge nuova è quella che proviene dallo Spirito Santo, che

---

[456] Cabasilas N., *La Vita in Cristo*, a cura di U.Neri, Città Nuova, Roma 1994², 62; Spiteris Y., *Cabasilas: teologo e mistico bizantino*, 78-100.

[457] In quanto sono atti umano-divini perché innestati nello Spirito del Cristo Risorto. Nello Spirito del Risorto la formazione della decisione morale della coscienza del credente avviene all'interno di un contesto ecclesiale, situato tra ragione, tradizione, ascesi. Questo significa che "il giudizio morale è visto come frutto della maturazione ecclesiale della persona, dell'appartenenza alla tradizione vivente di una comunità. Maturazione vista sia in senso diacronico: il credente in quanto educato dalla vita ecclesiale ad agire e giudicare secondo Cristo, virtuosamente; sia in senso sincronico: la comunità è parte del processo decisionale. In ogni caso, il rifiuto di un giudizio morale perseguito individualisticamente è netto: il giudizio è corretto se è all'interno di una fede vissuta ecclesialmente. In questo orizzonte ecclesiale del discernimento non entra solo il magistero dei Sacri canoni e quello vivente dei vescovi, la testimonianza dei teologi; entra ancor di più il consiglio degli spirituali, la competenza dei fratelli esperti nelle varie discipline, l'esperienza orante e liturgica che ha la forza intrinseca di offrire anche soluzioni normative." (...) Dove c'è anche "una vera e propria ascesi da parte del soggetto perché la decisione non nasca dall'arbitrio e dalla passione ma, dalla ricerca seriamente perseguita del bene, ovvero della volontà di Dio in situazione." Petrà B., *L'etica ortodossa. Storia, fonti, identità,* Cittadella Editrice, Assisi 2010, 250-251.

[458] Evdokimov P.N. , *L'Ortodossia*, 89.

[459] "La visione ortodossa della legge naturale colloca la chiara affermazione di essa entro il contesto strettamente teologico della sua generale antropologia e cosmologia. L'Ortodossia non può facilmente pensare ad un'autonomia della natura indipendente dalla finalizzazione 'teandrica' della creazione/redenzione." Petrà B., *La legge naturale nella teologia ortodossa,* in *Rivista di Teologia Morale* 159 (2008) 332.

[460] Per logos della natura umana s'intende che "la natura umana è una e comune, le persone umane sono molteplici e dissimili; la volontà è l'opera della natura; la libertà in rapporto alla volontà naturale, è l'opera della persona, è il modo in cui la persona giunge a configurarsi. La volontà si rapporta all'individuo naturale,

trasfigura la vita vecchia in vita nuova, in quanto basata sulla modalità ipostatica della persona umana, trasformata dallo Spirito Santo in vista della vita divinizzata.

3.2 La dinamica etica

Nella teologia ortodossa l'etica della vita è letta come realtà divino-umano, cioè come un'etica esistenziale cristificata nello Spirito Santo. Ma *quale atteggiamento deve assumere l'uomo in questa relazione con Dio*?
Gregorio Nisseno ne 'La vita di Mosè'[461] esplicita che Mosè ha intravisto Dio solo 'di spalle', cioè quando Dio è passato oltre lui, perché, per contemplare Dio, bisogna camminare nei suoi passi, percorrendo la sua via, che è Cristo. In altri termini, *l'atteggiamento retto nei confronti di Dio nell'etica è quello di agire in modo cristificato, che vuol dire essere conformi a Cristo cioè, porre in unità la volontà naturale dell'azione umana con quella del risorto, che si può dire teandria cristico-umana*. Si tratta di un'unione secondo l'ipostasi della realtà creata con quella increata, in quanto unione delle due volontà e azioni, quella divina e l'umana, a immagine di quella dell'ipostasi cristologica, secondo l'espressione del Nisseno, in cui "la sostanza della volontà è l'essenza"[462]. La categoria teologica della teandria cristico-umana, da una parte, allontana il pericolo del teurgismo, che trascura la dimensione della volontà umana[463], dall'altra, evita la tentazione della radicale autonomia dell'uomo nei confronti della sinergia con Dio. Allora *l'etica cristificata pneumatologicamente, cioè, secondo la teandria cristico-umana realizza la conformazione alla vita trinitaria del credente nel suo modo d'essere, volere e agire. E' in tale cristificazione etica che si esplicita liberamente l'attuazione dell'essere cristiano, che è attuazione esistenziale, secondo un processo di cristificazione della sostanza, della potenza e della operatività*[464].

la libertà alla persona umana. L'uomo realizza la sua ipostasi personale, quando si libera dall'indipendenza della individualità. L'individualità è la sottomissione della persona alla natura, l'asservimento alla volontà impersonale della natura." Yannaras C., *La morale della libertà. Presupposti per una visione ortodossa della morale,* in Yannaras, Mehl, Aubert, *La legge della libertà: evangelo e morale,* Jaca Book, Milano 1973, 64.

[461] *De vita Moysis*, PG 44, 409 A.

[462] San Gregorio Nisseno, *De anima et resurrectione*, PG 46, 124 H.

[463] Teurgismo deriva da teurgia, cioè l'amministrazione delle cose sacre, che era vista come un'arte magica, in cui si sottolineava l'intervento della volontà di Dio sulla vita dell'uomo a scapito di quella umana. Però, nella teologia ortodossa Bulgakov è riuscito ad operare un sorta di purificazione del termine teurgia. L'ha interpretata come possibilità di incontro tra il sensibile e l'invisibile in chiave di misericordia e salvezza da parte di Dio nei confronti dell'uomo perché "la teurgia è un'azione di Dio, un'effusione della sua grazia misericordiosa e salvifica sull'uomo." Razzano L., *L'estasi del bello nella sofiologia di S.N. Bulgakov,* Città Nuova, Roma 2006, 267.

[464] Tutto ciò avviene perché "la relazione con il trascendente non si esprime nei termini della "eteronomia" di Kant, appunto perché non esiste alcun etero nella "teonomia". Dipendere da Dio significa ricevere la rivelazione della sua interiorità e afferrare l'inabitazione del Verbo."Evdokmov P.N., *L'Ortodossia,* 102.

3.3 Sostanza-potenza-operatività umana

La sostanza si dà come natura umana[465]*, come origine della volontà della natura antropologica, che si trasfigura nella sua potenza*[466] *e nella sua operatività.* Nell'etica della vita cristificata tutto ciò si riverbera nell'essere-uno con la realtà divina, in quanto l'uomo divinizzato contiene in sé stesso "la natura creata e la natura increata (...) mediante l'uso della grazia"[467]. *L'uomo, cristificato dalla grazia, allora, coinvolge in questa dinamica la sua vita, che si pone come vita umana divinizzata. Infatti, non è solo la sostanza e la potenza dell'uomo che vengono enipostatizzate in Cristo*[468] *ma, anche il suo operare, cosicché l'esistere, il volere e l'agire dell'uomo si manifestano nella loro verità divino-umana.*

Pertanto, l'etica della vita cristificata ha la sua scaturigine dalla sostanza, che è la sorgente della volontà umana e della potenza operativa antropologica, trasfigurate e sviluppate da quella divina. Il processo di divinizzazione non nasce dall'agire dell'uomo, piuttosto accade il contrario: *la divinizzazione dell'essere umano precede l'etica, come l'essere è il presupposto dell'operare*[469]. Ci chiediamo, ora, se questa dinamica teandrica di cristificazione accade in modo automatico, quasi si desse nella vita del credente in modo istintivo oppure avviene con un atto specificatamente e volutamente umano?

3.4 L'αὐτεξούσία

La vita etica in Cristo non si svolge in modo istintivo ma, avviene mediante *l'αὐτεξούσία*[470]*, cioè come sostanza autonoma umana*, che pone l'accento sulla realtà propria dell'etica in quanto agire volutamente umano in funzione di

---

[465] Anche presso la teologia ortodossa come per la teologia cattolica alla base della riflessione etica sulla vita dell'uomo sta l'affermazione di un'ontologia della sostanza che vuole esplicitare la natura dell'uomo come sostanza, creata dall'amore sovrabbondante di Dio e che Dio, con la sua grazia ,può realmente trasformare con la collaborazione fattiva dell'uomo. Nella teologia protestante, invece, non è posta in evidenza la categoria della sostanza, perché il dato antropologico protestante coglie di più l'essere creato dell'uomo a livello di relazione, cioè, a livello di un'ontologia relazionale, in cui è Dio che liberamente, in tale rapporto, pone la vita dall'esterno all'uomo, assolutamente e per primo.

[466] San Gregorio Nisseno, *In Exameron Liber*, PG 44, 60.

[467] San Massimo il Confessore, *Ambiguorum Liber*, PG 91, 1308 B.

[468] Per enipostatizzazione in Cristo intendo la cristificazione olistica dell'essere e agire umano singolo.

[469] La divinizzazione, che è partecipazione alla gloria di Dio, coinvolge prima l'essere dell'uomo e poi la vita etica che viene trasfigurata in quanto "la partecipazione alla gloria di Dio trasfigura l'uomo. (...) L'uomo intero diventa deiforme. Nella natura umana creata, dimora ed opera Iddio increato. Perciò, l'uomo deificato non si vanta delle sue virtù o buone opere. Ogni sua opera ed ogni sua virtù sono in ultima analisi frutto della grazia di Dio che opera in lui." Mantzaridies G.I., *Etica e vita spirituale. Una prospettiva ortodossa,* 195, 196, 207.

[470] La particella αὐτ- specifica che è proprio della persona condurre "fuori" dalla sostanza l'οὐσία teandrica, le sue vere potenzialità per un'autentica etica della vita cristificata.

un'etica teandrica cristificata. Pertanto, l'operatività nell'etica cristificata si specifica come espressione dell'attività umana, non solo come mera partecipazione alla vita in Cristo, ma ne fonda anche lo sviluppo in vista del telos cristologico. *L'uomo è il soggetto artefice dei propri atti morali esistenziali, in quanto la vita in Cristo è autenticamente sua e parimenti è coincidente a quella di Cisto vivente in lui.*

Si sottolinea, perciò, la valenza della dinamica della sostanza-potenza-operatività, trasfigurata olisticamente dalla divinizzazione ad opera delle energie divine. Se l'azione di cristificazione avvenisse solamente a livello di operatività, solo a livello di adeguamento unitivo tra la volontà del credente con quella di Dio, cioè avvenisse solo nell'oggetto dell'azione in quanto tale, saremo in presenza di una unione estrinseca, esterna all'uomo come soggetto etico. Si tratta, in questo caso, di un dinamismo esistenziale che non rispecchia e non implica in se stesso pienamente la realtà antropologica. Pertanto, l'atto cristificato avviene nella indivisibilità della sostanza-potenza-operatività con le energie increate, così da esservi coincidenza umana-divina, la quale, grazie all'accadimento dell'αὐτεξούσία, compie la vera vita.

Allora, *l'uomo cristificato nel suo agire diventa teonomo*[471]*, cioè libero e indipendente, nella legge eterna dello Spirito di libertà, in quanto l'agire in Cristo è operare in conformità alla propria identità autentica. Essere uomo, allora, nell'etica della vita si manifesta come tensione profonda verso Dio, verso l'agape trinitaria.* In questo senso la vita cristificata si dà come azione, in quanto l'essere in Cristo significa vivere e agire in Lui. L'azione dell'uomo è diretta irreversibilmente verso la propria forma esemplare cristica, cioè verso l'archetipo dell'uomo che è il Bene, il Cristo morto e risorto, in cui ogni realtà trova il suo compimento e in cui la dimensione teandrica risplende nella sua interezza.

L'etica della vita in Cristo è coinvolgimento attivo all'ethos stesso di Cristo, nella comunione della sua esistenza filiale. Per questo l'antropologia teologica ortodossa è profondamente unita alla cristologia, ne è il fondamento della concezione morale. L'etica ortodossa della vita, però, non si dà semplicemente come antropologia o come sistema di etica ma, vuole la vita in Cristo perchè

[471] Per teonomia si intende "'una terza specie di etica, che si colloca al di là dell'antitesi tra autonomia e eteronomia.' Si tratta di un'etica 'autonoma nella sua eteronomia ed eteronomia nella sua autonomia'. Questa peculiare sua condizione è dovuta innanzitutto al fatto che l'etica ortodossa si fonda su Cristo: 'Cristo è l'uomo autentico, poiché è al tempo stesso Dio. E L'etica che si fonda su Cristo ha come base la vera antropologia, che è illuminata dalla Cristologia e dalla Teologia. Cristo, come osserva S.Giovanni Damasceno «non faceva le cose umane in modo umano: infatti non era solo uomo ma anche Dio...e neppure operava le cose divine in modo divino: infatti, non era solo Dio ma anche uomo»." Petrà B., *L'etica ortodossa. Storia, fonti, identità,* Cittadella Editrice, Assisi 2010, 120-121.

un atto è moralmente retto e buono se si conforma come ipostatico a Cristo, cioè, se rende attuale, nel qui ed ora, un atto libero umano-divino in Cristo[472]*, declinato secondo la verità della comunione fraterna*. Perciò, nell'ortodossia "la conseguenza etica è la vita nella forma della comunionalità, cioè la vita fraterna, che non è semplicemente l'imitazione della vita di donazione propria del Cristo, ma è la fedeltà al nuovo essere stesso, l'esplicitazione secondo verità di quel che ormai il credente è: un vivente-in-Cristo-con-gli-altri"[473].

3.5 La liturgia

Nell'etica cristificata la divinizzazione cristica è donata all'uomo nella liturgia[474]*; così la persona, divinizzata nella sua modalità ontologica, può vivere in Cristo, può agire in senso cristificato, cioè secondo un'etica retta della vita.* Per Cabasilas il credente, cosciente di questa vita nuova, è responsabile del suo sviluppo che deve avvenire nel rispetto del dinamismo intrinseco che le è congenito. L'uomo, nella sua libera volontà, non deve disinteressarsi di questa nuova vita, ma con impegno e coerenza deve "accogliere la grazia, non dissipare il tesoro, non spegnere la lampada già accesa, non introdurre nulla che sia contro la vita e ne produca la morte. A questo porta ogni bene umano ed ogni virtù che nessuno rivolga la spada contro se stesso, né fugga la felicità, né scuota dal capo la corona"[475]. *Esito di tale unione di cristificazione è che l'uomo, per la grazia dell'adozione in Cristo, non solo riflette la luce di Cristo, ma diviene egli stesso dono di luce*[476].

---

[472] Dove la libertà dell'azione etica cristificata non si dà come adeguazione in quanto "se la libertà è soltanto pura sottomissione che si immobilizza all'interno dell'atto divino e si riduce a riprodurre e a copiare, essere liberati a immagine della libertà divina non significa più nulla." Evdokimov P.N., *L'Ortodossia*, 102; San Massimo il Confessore, *Ambiguorum Liber,* PG 91, 1345 D.

[473] Petrà B., *Il sangue di Cristo e la vita morale nell'esperienza orientale*, in *Sangue e vita. Il mistero del sangue di Cristo e la morale*, Roma 1995, 288-289. La fraternità, in quanto vivente in Cristo con gli altri non si traduce come fraternità teorica ma come autentica comunione verso gli uomini concreti, che si incontrano quotidianamente. E "questo amore fraterno per gli altri non è un astratto concetto teologico o sociologico ma è una concreta relazione nei confronti di persone concrete nella vita di ogni giorno. Fratello del cristiano è l'uomo concreto con il quale tratta continuamente, con il quale parla e collabora, e non l'astratto concetto dell'uomo e dell'umanità. La verità della fraternità cristiana è una verità personale ed il suo vissuto è autentico solo nello spazio della relazione e della comunione personali." Mantzaridies G.I., *Etica e vita spirituale. Una prospettiva ortodossa,* 143.

[474] L'azione liturgica opera un reale cambiamento della vita etica dell'uomo in quanto è la natura dell'uomo, come sostanza creata dall'amore di Dio, che viene trasformata nel suo essere e nel suo agire. "Nella vita liturgica ortodossa la moralità non scaturisce da una relazione giuridica con Dio, ma dalla trasfigurazione e dal rinnovamento della creazione e dell'uomo in Cristo così che ogni comando morale può essere compreso solo come conseguenza di questa trasformazione sacramentale." Così "l'uomo diventa quel che davvero è: uomo in pienezza." Petrà B., *L'etica ortodossa. Storia, fonti, identità,* Cittadella Editrice, Assisi 2010, 93 e 92.

[475] Cabasilas N., *La Vita in Cristo*, 70-71.

[476] "L'angelo è "luce seconda", riflesso puro, messaggero e servitore dei valori spirituali. All'uomo, immagine del Creatore, è dato di far scaturire questi valori dalla materia di questo mondo, di

3.6 Liturgia educativa e mistagogica

L'etica si compie ponendo in unità il libero arbitrio umano con l'azione delle persone della Trinità e questa conformazione esistenziale, posta dall'uomo in modo volontario e libero, viene accolta e perfezionata mediante l'opera educativa che nella teologia ortodossa si ha con la liturgia[477]. Sembrerebbe che la teologia ortodossa nel suo insegnamento non aiuti l'etica a discernere come si formi il processo dell'atto moralmente buono. Ciò perché *la modalità educativa ortodossa in ordine all'etica avviene insieme alla comunità liturgica in un movimento espressivo mistagogico*[478].

Essendo, perciò, l'etica della vita, ermeneuticamente colta come sviluppo in Cristo, nell'ortodossia *questo insegnamento non accade meramente in modo didattico e nozionistico, ma si pone contemporaneamente a livello mistagogico e liturgico*. Gregorio Nazianzeno dice che "essendo infatti tutta la filosofia divisa in queste due parti, la teoria e la prassi, ed essendo l'una più elevata ma più ardua, l'altra più umile ma più utile, da noi sono apprezzate entrambe e ciascuna grazie all'altra (...) non è possibile infatti aver parte alla saggezza senza comportarsi saggiamente (...). Per noi infatti conta poco l'apparenza e la 'pittura' delle cose, la maggiore preoccupazione riguarda l'uomo interiore: vogliamo sollevare lo spettatore alla contemplazione delle cose intelligibili e in questo modo educhiamo la gente"[479].

La liturgia non è unicamente fonte dell'etica, è anche il luogo grazie a cui l'uomo entra in comunicazione con le persone trinitarie, imparando a porre in unità l'azione della vita umana con l'azione della vita divina. La dimensione liturgica, non solo è il fondamento ma, realizza anche l'esempio, è il modello per l'etica della vita. E' interessante notare che tale sinergia di reciprocità e di

---

creare la santità e di esserne la sorgente. L'uomo non riflette la luce, ma diviene luce, valore spirituale, ed è per questo che gli angeli lo servono." Evdokimov P.N., *L'Ortodossia*, 114; San Gregorio Nazianzeno, *Oratio XL-In Sanctim baptisma*, PG 36, 361D-364O.

[477] In quanto "la liturgia ortodossa forma ad un'attitudine positiva nei confronti della natura, dell'ambiente, della cultura materiale e tecnica e dei valori materiali: lo dimostrano le tante preghiere e i servizi liturgici previsti per le necessità materiali, per le malattie, per i viaggi, per il tempo di fame, per il terremoto ecc. Così come la continua elevazione verso la vera sapienza e filosofia. Forma ai valori sociali e alla carità come pure ai valori estetici." Petrà B., *L'etica ortodossa. Storia, fonti, identità,* Cittadella Editrice, Assisi 2010, 89.

[478] "La liturgia nel mondo ortodosso è vista come una mistagogia che si svolge come un solo sacramento dall'inizio alla fine, unico cammino, rituale,«mistico», spirituale. Ogni parte ha la sua composizione e la sua struttura di simboli e di significati, ma nel suo insieme ci fa entrare nel «seno» dell'ineffabile comunione col Padre." Zelinskij V., *La rivelazione del Padre nello «specchio» della liturgia bizantina,* in AA.VV., *Il Padre, Communio* 164 (1999), 46.

[479] San Gregorio di Nazianzo, *Contro Giuliano l'Apostata, Orazione IV*, PG 35, 649 B, 652 C. Con questa affermazione Gregorio desidera porre l'accento sulla differenza fra l'educazione morale cristiana e quella pagana voluta, a quei tempi, dall'imperatore Giuliano, in polemica con la legge dell'imperatore sull'esclusione degli insegnanti cristiani dalle scuole pubbliche.

complementarietà dell'atto liturgico è posto in rilievo anche nella Chiesa Cattolica[480]. Infatti, se l'azione catechetica e liturgica non vengono lette alla luce dell'etica non danno una reale formazione cristiana.

Parimenti, nella teologia ortodossa la formazione all'etica non è intesa in prospettiva semplicemente morale, come insegnamento su come e che cosa fare ma, si pone come azione mistagogica, per imparare a comportarsi ad immagine del Cristo risorto, cioè, a vivere così il proprio essere ed agire. In tal modo *l'etica diventa via sacramentale dell'accadimento, nella storia della vita eterna, del Cristo agape e, nell'amore di Dio, la vita cristificata matura moralmente. Allora, l'etica si può definire anche scienza della carità di Cristo*[481] e in questa unità tra declinazione liturgica ed etica diviene realtà mistagogica, che trasfigura la dimensione del mistero con cui si vuole porre in relazione, dove l'attrattiva del bello e del buono è vissuta in rapporto profondo con il Bello ed il Bene, come pedagogia della bellezza pasquale[482].

Allora, l'educazione e la mistagogia, che si hanno con l'azione liturgica sviluppano i sensi spirituali di Cristo[483], conformi alla vita della koininia trinitaria, perchè "Dio non comunica semplicemente alla natura un bene qualunque, riservando presso di sé la maggior parte dei beni, ma riversa tutta la pienezza della divinità, l'intera ricchezza della sua divinità"[484]. *L'etica cristificata, pertanto, si dà come crescita che può accogliere e esplicitare la vita trinitaria agapica, così da realizzare una reale accadimento di cristificazione dell'esistenza, cioè di enipostatizzazione della vita cristiana, come in Cristo risorto la realtà divina è contenuta ed enipostatizzata.*

3.7 Etica e cosmo

Sappiamo che l'accadimento redentivo si pone come l'alfa di questa fase di tra-

---

480 Catechismo della Chiesa Cattolica, *Catechesi e Liturgia*, Libreria Editrice Vaticana, Roma 1992, nn. 1071-1072; 1074-1075

481 La scienza della carità di Cristo e', perciò, l'etica cristificata perché trasfigura l'amore di Cristo come capacità d'amare globale di tutto l'uomo, cioè in Cristo la vita dell'uomo è imitazione della vita di Cristo. Così l'uomo sperimenta nella sua vita la verità di se stesso e, in Cristo, diviene "via di attuazione dell'autenticità dell'êthos: comunica l'autentico modo di essere/agire." Petrà B., *L'etica ortodossa. Storia, fonti, identità,* Cittadella Editrice, Assisi 2010, 64.

482 Perché "la pedagogia della bellezza è pasquale: tende a farci passare da ciò che passa a ciò che non passa, da ciò che è apparenza a ciò che è reale: Per questo motivo, chi arriva a scoprire la bellezza della liturgia ha compiuto la sua iniziazione. Lì si attinge e si è raggiunti da ciò che non passa e che fa di noi un essere per la vita; per la vita risorta, si intende." Tenace M., *Il cristiano filocalico,* in Di Ceglie R.-Valentini N., *Cristianesimo e bellezza: tra Oriente e Occidente,* Paoline, Milano 2002, 114

483 Per sensi spirituali possiamo intendere i sentimenti di Cristo che operano nella vita cristificata del cristiano, modellati sull'ethos di Cristo in quanto "la forma umana dell'ethos di Dio é l'ethos di Cristo, la fedeltà ad esso si manifesta concretamente come imitazione di Cristo." Petrà B., *L'etica ortodossa. Storia, fonti, identità,* Cittadella Editrice, Assisi 2010, 211.

484 Cabasilas N., *La Vita in Cristo*, 79.

sfigurazione storica nel tempo e nello spazio, la quale continua instancabilmente il suo movimento di cristificazione grazie alla vita nuova divinizzata dell'uomo. L'etica ortodossa, allora, non è altro che coinvolgimento della vita trinitaria del Risorto, che si diffonde al resto delle cose create come vita del cosmo.

La vita etica retta, propria all'uomo trasfigurato in Cristo, è la partecipazione alla vita del Risorto, che si situa come mediazione per il dono di questa stessa vita al resto della creazione cosmologica. Tutto ciò avviene nella libertà antropologica, nel senso che l'uomo morale si dà come essere libero di agire, secondo le coordinate dell'uomo vecchio oppure secondo le modalità dell'uomo nuovo in Cristo, nel qui ed ora del presente storico. Evdokimov, infatti, dice che "la storia, in quanto Avvento escatologico, non è un futurismo né una proiezione in avanti, ma una santificazione del presente mediante la partecipazione attiva di tutti, viventi, morti, angeli, al destino unico dell'uomo in Cristo"[485]. L'etica della vita cristificata si compie, perciò, in sinergia con l'unica missione del Cristo risorto, che è l'autentico soggetto della mediazione del mistero pasquale.

Questa vita trasfigurata teandrica dell'uomo in Cristo mediatore dona alla realtà cosmica la stessa mediazione del Cristo risorto, che si esplicita con il sacramento dell'eucaristia[486]. Allora *realizzare un'etica della vita cristiana nei confronti del cosmo non vuol dire altro che declinare la vita come vita cristificata, quale segno e strumento per il cosmo della novità della vita di risurrezione, cioè inserire la realtà creata cosmologica nella verità di Cristo risorto.* La morale ortodossa della vita, secondo questa logica, vuol coinvolgere olisticamente tutta la vita dell'uomo in tutte le sue espressioni, che vanno dalle relazioni con gli altri uomini al rapporto col cosmo. Come abbiamo detto, tale etica si situa in libertà perché è solo nella libertà creata che l'uomo riflette l'immagine iconica della sua somiglianza con Dio.

Nella teologia ortodossa la dimensione etica sussiste nel suo essere vocazionale, inteso come salvezza in Cristo di tutta la realta creata. Tutto ciò si specifica come piena adesione della volontà naturale umana alla volontà di Cristo, che è il salvatore dell'uomo e del cosmo.

[485] Evdokimov P.N. , *L'Ortodossia*, 487.

[486] Mediante la cristificazione etica della vita dell'uomo è lo stesso Cristo Risorto che opera nell'azione di divinizzazione di tutta realtà mediante il sacramento eucaristico, che pone in unità creazione, redenzione, ed escatologia. "Perciò nell'eucaristia non solo il mondo e il creato non sono negati ma accolti, ricondotti al loro senso originario ed ultimo, al di là delle deformazioni del peccato e di ogni dicotomia tra naturale e soprannaturale, tra eternità e tempo. E anche il credente è chiamato a partecipare ad essa nella sua integralità di anima e corpo." Petrà B., *L'etica ortodossa. Storia, fonti, identità,* Cittadella Editrice, Assisi 2010, 91.

In tale ambito vocazionale l'etica cristificata si situa sempre in libertà nella relazione comunionale con Cristo Risorto. In questo senso, allora, l'azione etica singola viene cristificata, viene, cioè, resa universale in ordine alla salvezza cosmica in quanto conforme alla volontà salvifica di Dio in Cristo. Se invece l'uomo, nella sua libertà, decidesse di agire in modo difforme alla volontà di Dio in Cristo, che si esplica come rifiuto della comunione agapica trinitaria per la salvezza del cosmo, allora si ritroverebbe in situazione di peccato[487], cioè farebbe il male, perché il credente è realmente coinvolto nella relazione partecipativa divino-umana di Cristo Risorto.

L'etica si delinea come testimonianza comunionale in Cristo, cioè è autentica diffusione ed estensione storica del mistero dell'incarnazione e della redenzione per la salvezza dell'uomo e del cosmo. L'etica della vita consiste nella sua cristificazione e tale modalità esistenziale dell'uomo in Cristo realizza la significatività d'essere di tutti gli uomini, per cui *la vita etica in ambito ortodosso diventa un appello, una chiamata a tutta l'umanità per la cristificazione del cosmo.*

---

[487] Il peccato, allora, si specifica come un evento in cui l'uomo decide di "negare la comunione personale con Dio e di limitarsi all'autonomia e all'indipendenza della sua natura." Yannaras C. Cit. in Petrà B., *L'etica ortodossa. Storia, fonti, identità,* Cittadella Editrice, Assisi 2010, 59. La sua vita etica, perciò, si esaurisce nell'ambito della sua natura per cui "le sue azioni, i suoi pensieri, le sue operazioni ed i suoi desideri sono definiti dall'interesse personale. Non è disposto ad aprire il suo cuore per fare spazio agli altri, per amarli, per vederli come immagine di Dio, che è il creatore e la fonte della vita di tutti gli uomini." Mantzaridies G.I., *Etica e vita spirituale. Una prospettiva ortodossa,* 122.

Conclusione

Al termine di questo percorso possiamo dire che *un criterio teologico per la costruzione di un'etica della vita oggi sia quello di concepire la vita del cosmo in quanto creato, come il primo dato salvifico e, nello stesso tempo, il luogo in cui Dio continua la sua azione di salvezza*[488]*, secondo modalità bioantropocentriche.* In tale contesto la realtà del peccato dell'uomo non sarà tale da essere causa di divisione irreversibile tra la vita del cosmo e la vita dell'uomo. *Il Dio della vita, con la sua grazia, non ha abbandonato la sua opera di creazione e l'uomo perché con l'incarnazione, la morte e la risurrezione di Cristo, il Dio della vita, ha vinto una volta per tutte il peccato e la morte.*

Lo sguardo, perciò, nei confronti della vita del cosmo e dell'uomo non si presenta come eccessivamente pessimistico o esageratamente ottimistico ma, intriso piuttosto di un equilibrato, critico e positivo realismo, nel senso che la relazione tra la vita cosmologica e la vita dell'uomo è sì, intrisa di peccato ma, in essa è contenuta una chiamata alla vita salvifica, appello che rinvia all'origine e alla conclusione della vita, cioè al Dio della grazia, al Cristo morto e risorto che sostanzia l'amore e l'essere di ogni cosa. *Dalla relazione tra la grazia e la vita umana presente nelle teologie cristiane, emerge che ogni teologia confessionale, anche se presenta aspetti e dati non pienamente compiuti o esplicitati, rivela tuttavia o accentua elementi veritativi del mistero di tale relazione. Ciò vuol dire che le diversità espressive teologiche non devono essere lette come inibizioni strutturali per la comprensione dell'etica della vita, ma si palesano come modalità ermeneutiche complementari dell'abbondanza della verità del mistero cristiano, che non si può mai dire totalmente e pienamente.*

Per esempio, la teologia ortodossa, a parte quella contemporanea, non ha mai approfondito, in modo analitico e organico la questione del rapporto tra la grazia e la vita dell'uomo, senza puntualizzare la significatività della figura di Cristo e di quella dello Spirito. Ha presentato cioè un'interpretazione unitaria di questo rapporto esistenziale. In tal modo sprona la teologia occidentale a rielaborare la prospettiva originaria di tale visione. Si tratta, cioè, di riflettere teologicamente sulla relazione tra la vita della grazia divina e quella

[488] Ciò in quanto "l'idea di una comunione di vita tra Dio e le sue creature, si riallaccia con questo di nuovo alla concezione originaria della creazione come autoespressione di Dio e comunicazione del suo proprio essere alle creature." Schockenhoff E., *Etica della vita. Un compendio teologico,* Queriniana, Brescia 1997, 158.

dell'uomo, iniziando da Dio cioè dal suo disegno, dall'idea di Dio sulla vita dell'uomo e del cosmo, non tanto, quindi, partendo dalla vita dell'uomo, per di più dell'uomo peccatore. Questa concezione di Dio su tale rapporto è stata ricostruita e compiuta dall'opera redentiva in Cristo, vivente nella Chiesa, specialmente nella forma sacramentale eucaristica, per la forza dello Spirito. Come abbiamo visto, seguendo l'orizzonte teologico occidentale la relazione tra la vita della grazia di Dio e quella umana consegue due risultati inevitabili problematici[489] per l'etica della vita.

Se incominciamo ad analizzare tale rapporto esistenziale, ponendo al centro l'uomo nel suo essere umano in sé già completo come l'idea di natura pura presupponeva, la vita della grazia si manifesterà, certamente, come soprannaturale, ma, in relazione alla vita dell'uomo, sarà colta secondo modalità apparenti, estrinseche, non indispensabile per la vita dell'uomo, e l'opera salvifica sarà letta come esito di due movimenti tra loro non conciliabili, contrastanti tra la vita della grazia di Dio e la vita della libertà umana.

Ora, se tale relazione esistenziale comincia dall'uomo peccatore, il cui essere è rovinato irreversibilmente, come la teologia protestante sostiene, non si può presentare la vita della grazia di Dio come autentica forza di trasformazione efficace della vita umana in prospettiva salvifica, se non asserendo che tale azione sia meramente opera divina, che si attua senza la collaborazione dell'uomo. *Lo stimolo che viene dalla teologia ortodossa di interconnettere il rapporto tra la vita della grazia di Dio e quella umana nella prospettiva del progetto originario di Dio, ha aiutato la teologia cattolica attuale a riflettere maggiormente su tale concezione.* Si è rivalutata la categoria del desiderio

---

[489] Infatti, la teologia occidentale "testimonia la propria povertà quando ritiene di salvaguardare o la prerogativa di Dio o l'autonomia creaturale dell'uomo. Tuttavia, anche quando cerca di tener contemporaneamente presente e il rapporto creatore di Dio verso il mondo e il rapporto di dipendenza dell'uomo da Dio, si trova pur sempre di fronte a possibili interpretazioni alternative. A seconda che essa sottolinei teologicamente di più la permanente derivazione da Dio o la crescente autonomia della creatura, si ha anche una diversa concezione della situazione fondamentale paradossale dell'uomo sul piano antropologico. Mentre il pensiero cattolico scopre il mistero dell'uomo creato e dotato di grazia precisamente nel fatto che «qualcosa è puro dono, ma è nel medesimo tempo, anzi appunto per questo, intimamente proprio del gratificato», l'etica protestante continua a vedere maggiormente nella dignità personale dell'uomo una dignità a lui «estranea», che egli possiede solo al di fuori di sé, nel suo modello divino." Schockenhoff E., *Etica della vita. Un compendio teologico,* Queriniana, Brescia 1997, 141-142.

naturale della beatitudine di Bonaventura[490] e Tommaso[491] e Rahner ha formulato l'idea di esistenziale soprannaturale[492] nel senso che l'essere dell'uomo ha in se stesso, come dono di Dio in Cristo, una finalizzazione alla vita della grazia di Dio, in modo da poter entrare liberamente in comunione agapica con lui, compiendosi realmente e pienamente sia dal punto di vista ontologico sia dal punto di vista esistenziale in tale vita relazionale.
Se andiamo a leggere il dato teologico intorno al rapporto vitale tra Dio e l'uomo che proviene dal mondo protestante, troviamo che il primato della grazia misericordiosa di Dio sollecita a conservare alla vita della grazia di Dio la verità dell'iniziativa trascendente e amorosa, così da porre l'accento su tale carattere relazionale, senza oggettivizzarla a cosa, a proprietà. E' vero che la meditazione teologica cattolica pare porsi a metà tra la collocazione ottimistica degli orientali e quella più pessimistica del mondo protestante. *La vita della grazia di Dio e la vita dell'uomo si specificano insieme come dono dello Spirito Santo, il quale inabita nell'essere e nell'agire dell'uomo, così da renderlo giusto, partecipe della santità e della natura della vita di Dio.*
Questa dinamica opera così anche un effettivo cambiamento della vita umana, che porta l'uomo ad esperire una vita di santità, una intensa vita comunionale agapica nella coscienza di essere realmente un figlio di Dio[493] e a vivere così

[490] Desiderio naturale di beatitudine perché "«l'uomo è capace di Dio» dice Bonaventura «e l'anima è l'espressa similitudine di Dio...Niente può bastare all'anima se non il bene per cui è fatta. Questo però è il Sommo Bene che supera l'anima...». Desiderio naturale di beatitudine, ma al tempo stesso incapacità di raggiungere questa beatitudine. Sarebbe un inganno della natura, una specie di supplizio di Tantalo, che contrasterebbe con la Somma Bontà se questa non avesse fornito all'uomo la chiave di accesso a questa eterna beatitudine con la grazia." Sgarbossa M., *Bonaventura: il teologo della perfetta letizia,* Città Nuova, Roma 1997, 73.

[491] Il desiderio naturale della somma beatitudine in Tommaso è "un'inclinazione che dispone l'uomo ad accogliere il dono dell'ordinamento verso Dio e il dono della beatitudine come proprio vero perfezionamento entitativo. In tal modo la visione beatifica appaga profondamente le aspirazioni naturali dell'essere umano in ciò che ha di più profondo verso Dio, senza che nel contempo sia considerata come un dato esigito o necessitato. Rimane quindi che nel pensiero dell'Aquinate l'inclinazione dell'uomo alla beatitudine si attua soltanto per l'intervento di Dio libero e gratuito di ordine soprannaturale, il quale è accolto mediante l'uso del libero arbitrio, anche questo mosso e sorretto dall'azione della grazia." Kostko G., *Beatitudine e vita cristiana nella Summa theologiae di S.Tommaso d'Aquino,* in *Sacra Doctrina* 3-4 (2005) 284.

[492] In Rahner l'esistenziale soprannaturale, quale tensione esistenziale verso Dio, parte dal fatto che c'è "una volontà salvifica universale di Dio, quale offerta, sempre e dovunque nella storia, della possibilità concreta della salvezza soprannaturale – cioè quale possibilità di raggiungere l'immediatezza con Dio stesso anche al di fuori della verbalizzazione, della notizia del cristianesimo e della Chiesa – allora possiamo o addirittura dobbiamo ammettere, che quanto noi cristiani chiamiamo Spirito Santo o grazia soprannaturale, è dato sempre e dovunque, almeno nella forma di una offerta reale, alla libertà dell'uomo quale radicalizzazione esistenziale della sua trascendentalità, dunque anche al di fuori del cristianesimo istituzionalizzato. Ciò resta vero, anche se naturalmente nell'uomo concreto questo esistenziale soprannaturale della dinamica verso l'immediatezza con Dio può esistere sia nella forma di una pura datità e al limite del rifiuto sia nella forma della libera accettazione." Rahner K.,*Visioni e profezie:mistica ed esperienza della trascendenza,* Vita e Pensiero, Milano 1995^2,157

[493] Infatti, "la teologia cattolica pensa di più partendo dalle strutture creaturali dell'uomo e interpreta l'appello

un'autentica etica della vita. Possiamo allora affermare che *dalla sinergia delle concezioni delle teologie cristiane intorno al legame tra la vita di Dio e quella dell'uomo, al di là dei loro limiti o accentuazioni, possiamo rinvenire le tracce per la costruzione di un'etica della vita, una possibile etica della vita, aperta al dialogo sia con i credenti in Cristo sia con i non credenti in Cristo.*

Per il dialogo *con i credenti in Cristo*, i fondamenti di questa etica possono essere rinvenuti nella vita agapica del Dio-Amore unitrinitario, che è comune alle fede cristiana di ogni chiesa. Su tale logica trinitaria agapica, si può dialogare su un'etica della vita che abbia queste tre condizioni di possibilità: *a. un'etica della vita, che si pone a livello di declinazione fondamentale, in quanto il Vangelo della vita è patrimonio appartenente a tutti i fedeli in Cristo; b. il modello cristologico, che trova il proprio compimento nell'accadimento della morte e risurrezione di Cristo, luogo ed evento di unità e distinzione per i cristiani di ogni Chiesa; c. un'etica cristificata, che si rivela qualificazione unitaria di una normatività bioetica.*

Su tale orientamento, allora, si potrà costruire un'etica che può essere aperta anche al dialogo con le altre religioni e con i non credenti[494].

---

di Dio come una relazione creativa verso l'uomo, che lo raggiunge nel suo intimo e lo qualifica permanentemente nel suo essere creaturale. La parola divina fonda la persona umana affidandola a se stessa e chiamandola all'esistenza come un interlocutore autonomo. L'idea filosofica di sostanza sta qui al servizio di un asserto teologico; essa spiega la qualità dell'azione creatrice di Dio che supera realmente la distanza infinita tra essere e non essere, qualità priva di analogie e diversa da ogni appello umano. Rinunciare alla categoria della sostanza significherebbe nel quadro di questo pensiero ontologico pensare la relazione con Dio verso l'uomo in maniera diversa da un comportamento creatore rispondente al suo amore e alla sua potenza divina, comportamento che raggiunge in maniera sovrana e senza fatica il proprio scopo, come la Bibbia ci dice quando parla della creazione mediante la Parola. La teologia cattolica odierna formula la propria cornice intellettiva come un assioma fondamentale formale, che traspare come una filigrana teologica in tutti i suoi enunciati. Esso è formulato in termini così vasti da abbracciare tutta la storia di Dio con l'uomo, vale a dire la creazione, la redenzione e il compimento finale. Secondo tale principio fondamentale, formulato da Karl Rahner nella scia di Tommaso d'Aquino, la dipendenza radicale e l'autonomia reale della creatura chiamata da Dio crescono in misura uguale e non in misura inversa. L'uomo perviene tanto più vicino a sé quanto più é vicino a Dio, viceversa si allontana da sé, nel tentativo di appropriarsi di sé, nella misura in cui cerca di sfuggire da Dio. La teologia, quando dimentica questo principio, corre il pericolo di cadere vittima di una cattiva logica esclusivistica." Schockenhoff E., *Etica della vita. Un compendio teologico,* Queriniana, Brescia 1997, 141.

494 E' importante porre in evidenza che il dialogo, in quanto tale aperto in dimensione ecumenica, interreligiosa e con i non credenti, si pone a livello di realtà comunionale fra gli uomini, fondata sull'azione dello Spirito Santo, dono di Cristo Risorto, nel senso che tale realtà si specifica come attività pneumatologico-economica, cioè come un'esperienza che oltrepassa la visibilità singolare di una Chiesa, di una religione, di una cultura. "Alla luce di una pneumatologia economica di più ampia prospettiva: è in forza dell'azione che lo Spirito realizza nel cuore delle persone, anche attraverso le culture e le religioni, e per cui la grazia di Cristo agisce in modo misterioso ma efficace, che esiste, laddove l'umanità lo accoglie positivamente, una *koinonia* reale, anche se resa imperfetta dalla sempre parziale docilità all'azione dello Spirito che alberga nei cuori dei singoli e delle comunità. La *koinonia* di cui è attore lo Spirito risulta essere la radice dello stesso dialogo. E' a partire dal fatto che tutti siamo chiamati a rispondere all'iniziativa di Dio,

Per le altre religioni e i non credenti, quest'etica sarebbe letta anch'essa come opzione fondamentale, sulla base di una giustizia a priori centrata su: a. la dignità della persona in Dio o senza Dio e i suoi diritti inviolabili c. la solidarietà tra le persone; c. il bene comune tra le persone stesse.

Questa etica della vita troverebbe fondamento su questi valori primari di giustizia che chiamo, a priori, in quanto verità in sé evidenti a livello razionale e sarebbe supportata da una cosmologia bioantropocentrica, luogo in cui quest'etica sarebbe vissuta come responsabilità, all'interno di una dinamica dialogica pluralistica, che si determina normalmente in una società e in uno stato democratico.

---

e che vi rispondiamo in modi diversi nei diversi contesti, che deriva la possibilità di aprirci alla comunicazione reciproca, riconoscendo nell'alterità dell'altro, appunto, una differenza che merita di essere custodita e promossa in quanto 'voce dell'Altro' e non un'estraneità incomunicabile." Sgroi P., *Per una teologia del dialogo,* in *StEc* 20 (2002) 416-417.

Indice generale

Introduzione

Primo Capitolo La vita del cosmo

Secondo capitolo La vita dell'uomo nella teologia occidentale

Printed by Books on Demand GmbH, Norderstedt / Germany